Die sonnige Zeit

Conny Lüscher

Die sonnige Zeit

Roman

Jede Ähnlichkeit mit lebenden oder toten Personen und tatsächlichen Ereignissen wäre rein zufällig.

Erstausgabe

CH-5400 Baden

Kontakt: conny@connyluescher.ch
Website: www.connyluescher.ch
ISBN: 978-3-9525223-5-6
Cover Design: RUDOLFBADEN

Lektorat: Regine Weisbrod

Inhalt

Das Licht der Welt

„Rotznase.“

Es war nur ein Flüstern. Das Baby, das dösend in einem alten Korbwägelchen lag, öffnete die Augen. Die niedrige Zimmerdecke war geschwärzt vom Rauch des kleinen Ofens, in dem der letzte Rest der Holzscheite zu Asche zerfiel. Vor dem mit Eisblumen geschmückten Fenster tobte der Wintersturm und rüttelte an den Holzläden.

„Hier bist du, du Rotznase!“

Die winzigen Finger des Babys verkrampften sich unter der Decke zu einer Faust, als sich der Schemen über das Bettchen beugte.

Das Baby war erst wenige Tage alt, Worte hatten noch keine Bedeutung. Und doch war da die instinktive Angst vor dieser Stimme, die es schon im Mutterleib gehört hatte.

„Hässliches Balg.“

Die vergilbte Daunendecke wurde zur Seite geschoben, und dünne Finger strichen über die nackten Beinchen.

Die Kälte kam mit diesem Mädchen.

Das Baby strampelte und begann leise zu weinen. Das Mädchen stützte sich mit den Armen auf den Rand des Wägelchens und beobachtete es interessiert.

„Käfer.“

Ja, das Baby zappelte genauso wie der Käfer, der im Sommer auf dem Rücken liegend vor seinen Füßen gelandet war. Das Mädchen hatte einen dicken Halm genommen und all seine Versuche vereitelt, wieder auf die Beine zu kommen. Hatte ihm mit dem verdorrten Stiel auf den Bauch gedrückt, bis ihm schließlich sein Gezappel langweilig wurde. Da hatte es diesen dummen Käfer zertreten.

Es war ein scheußliches Geräusch gewesen.

„Scheußlicher Käfer! Du bist auch ein scheußlicher Käfer. Hör auf zu zappeln!“

Das Baby blinzelte.

Das Mädchen drehte den Kopf und musterte den Ofen. Der Kinderwagen stand direkt davor. Es streckte die Hand aus und öffnete die Eisenklappe. Ein Holzstückchen glomm noch darin, es war Zeit, nachzulegen. Aber es gab kaum noch Holz. Kohle gab es schon lange nicht mehr. Warum also die letzten Scheite verschwenden?

„Unnützer Käfer.“

Das Mädchen ließ das Türchen offen und wandte sich wieder dem Baby zu, das nun heftig weinte.

„Deine Mama kann dich nicht hören. Mama ist tot.“

Das Baby schniefte und verstummte. Als hätte es verstanden, was das Mädchen da sagte.

„Die Mama kommt unter die Erde.“

Das Mädchen beugte sich tiefer und starrte in das Gesicht des Kindes. Wartete auf eine Reaktion.

Ein Zeichen.

Das Baby blickte ihm direkt in die Augen. Wasserblaue Augen, wie die seiner verstorbenen Mutter.

Das Mädchen zog misstrauisch die Brauen zusammen und rückte noch näher.

„Sehen. Du kannst sehen, du Rotznase? Du kannst es auch?“ Das Mädchen zuckte erschrocken zurück.

Die Arme hinter dem Rücken verschränkt, trat es unruhig von einem Bein auf das andere. Angst schlich sich in seine Gedanken und rüttelte an seiner Entschlossenheit.

Das Balg ist wie ich! Es hat die Gabe.

Das hatte das Mädchen nicht erwartet. Dass auch dieses Kind Dinge fühlen und sehen konnte, die anderen Menschen verborgen blieben. Doch was machte das schon? Es beugte sich wieder über das Baby, das nun ganz still dalag und aufmerksam mit klarem Blick jede Bewegung verfolgte. Das Mädchen hatte das Gefühl, von einem Erwachsenen angestarrt zu werden.

Unsinn!

„Was willst du? Du kannst gar nichts tun! Du bist nur ein kleiner Käfer. Ein unnützer Esser!"

Das hatte die Mutter des Mädchens gesagt, die bei der Geburt geholfen hatte. Als das Baby auf die Welt kam und seine Mama verblutete. Im selben Zimmer, in dem es jetzt lag.

Großvater hatte geweint, als er mit den blutgetränkten Tüchern im Arm aus dem Zimmer getorkelt kam. Er hatte seine Enkelin nicht bemerkt, die ihn im dunklen Flur an die Wand gepresst beobachtete, wie er die Tür zur Waschküche aufriss, die gleichzeitig als Vorratskammer diente. Er humpelte noch stärker, als er es wegen seiner Kriegsverletzung ohnehin schon tat. Er ließ die Tücher einfach auf den Boden fallen und stützte sich auf die hölzerne Truhe, in der das Hühnerfutter aufbewahrt wurde. Klammerte sich daran wie ein Schiffbrüchiger. Er hatte schon seine Frau verloren und nun auch noch seine jüngste Tochter.

Das Mädchen sah, wie sein Rücken und seine Schultern bebten, als hätte er Krämpfe. Er weinte. Aber er weinte leise. Und die Schreie aus dem Zimmer waren verstummt. Darüber war das Mädchen froh gewesen.

Es rüttelte an dem Wägelchen. „Deine Mama ist tot! Und dich können wir nicht brauchen. Dich wollen wir nicht!"

Seine Angst vor dem Baby war verschwunden, seine Entschlossenheit wieder da.

Es ging zum Fenster und öffnete es. Das war gar nicht so leicht, denn es war zugefroren. Als es endlich aufflog, wäre das Mädchen beinahe selbst wie ein Käfer auf dem Rücken gelandet.

Das Baby begann wieder zu weinen. Als wüsste es, dass es nicht mehr lange leben würde.

Der Sturm wirbelte große Schneeflocken bis in die Mitte des Zimmers. Sie setzten sich auf den Rand des Kinderwagens wie neugierige Vögel.

Das Mädchen schob den Wagen dicht an das Fenster, und nun legten sich die Flocken auf den Körper des Babys.

Nicht lange, dann würde aus ihnen eine neue, reine Decke werden.

Das Mädchen blickte noch einmal in das winzige, vom Weinen gerötete Gesicht.

Wieder trafen sich ihre Blicke, und diesmal rannte das Mädchen davon.

„Vielen, vielen Dank, Frau Ebner!“, stammelte Sebastian. Er konnte sein Glück kaum fassen. Nun hatte sie ihm auch noch zwei Zuckerrüben gegeben. Sorgfältig verknotete er den Sack, in dem bereits ein paar Holzscheite und eine Handvoll Kartoffeln lagen.

„Ach Gott, Bub! Komm her!“ Die Bäuerin breitete die Arme aus und drückte ihn an sich, dass ihm fast die Luft wegblieb.

Aber das war ihm egal. Wie immer hielt er still, während sie ihn herzte und auf die Wangen küsste. Dicke Tränen kullerten ihr über die Backen und tropften wie warmes Wasser in seine Haare. Es machte ihm nichts aus, er war daran gewöhnt. Sebastian war erst sieben Jahre alt, aber er konnte ihren Kummer verstehen. Ihr Sohn war vor Jahren gestorben.

„Er war gerade mal so alt wie du!“, hatte sie ihm schluchzend erzählt. Ihr Mann war im Krieg verschollen, und man hatte nichts mehr von ihm gehört. Tag und Nacht schuftete sie mit ihren beiden halbwüchsigen Töchtern und einer ständig schlecht gelaunten Magd, um den Hof zu halten. Und wenn sie konnte oder wieder einmal besonders traurig war, steckte sie Sebastian etwas zu.

Natürlich nicht umsonst. So jung und hungrig er auch war, das hätte er niemals gewollt. Auf ihrem Hof gab es immer etwas zu tun, was er mit seinen kleinen Händen schaffen konnte.

Die Tür wurde aufgerissen, und die Magd betrat mit grimmigem Gesicht die Küche.

„Na, Bäuerin? Fütterst du schon wieder den kleinen Wolf?“

Sebastian wand sich wütend aus der Umarmung.

Ja, es war so. Seine braunen Haare waren von seltsam gräulichen Strähnen durchzogen. Und zu allem Übel lautete sein Nachname auch noch Wolf. Er war es gewohnt, dass man ihn so nannte, und das würde wohl sein Leben lang so bleiben. Aber wie die Magd das sagte, klang es wie ein Schimpfwort.

Es klang wie „Dieb“!

Dabei hatte er den ganzen Morgen in der Scheune geschuftet wie ein Ochse. Kisten hin- und hergetragen, na ja, mehr gezogen. Und den Boden gefegt.

„Was geht das dich an! Du wirst deswegen schon nicht verhungern!“, knurrte die Bäuerin. Sie stülpte ihm die Wollmütze über den Kopf und gab ihm einen letzten feuchten Schmatzer auf die Nase.

„So, Basti! Jetzt schau, dass du heimkommst. Der Sturm wird immer schlimmer.“

Das Heulen vor dem Haus klang beängstigend, aber Sebastian freute sich viel zu sehr über seinen heutigen Lohn, um sich Sorgen zu machen.

„Also, dann geh ich jetzt! Danke nochmals!“ Er packte den Sack mit beiden Händen. Er war verheißungsvoll schwer. Seine Mutter würde sich freuen und ihn wieder „mein großer Junge“ nennen.

Vor dem Haus stand sein alter Schlitten. Er kramte ein Stück Seil aus seiner Tasche und band den Sack gewissenhaft fest. Unter dem Vordach der Scheune türmte sich der Schnee, und als er davonstapfte, versank er fast bis zu den Oberschenkeln darin.

Es würde ein mühseliger Heimweg werden.

Das Dorf konnte er in dem Schneetreiben gar nicht sehen. Schritt für Schritt kämpfte er sich vorwärts. Der Schlitten schlingerte hinter ihm her wie ein kleines Boot im Sturm, und die Flocken stürzten sich auf ihn, als wollten sie ihn fressen. Mit gesenktem Kopf und zusammengekniffenen Augen pflügte er sich seinen Weg.

Da hörte er die Kapellenglocke. Scheppernd, wie durch Watte. Er blieb nicht stehen, doch seine Gedanken wanderten zu dem kleinen Friedhof. Er konnte sie förmlich vor sich sehen. Die wenigen Menschen, die um das Grab standen, das sie dem gefrorenen Boden abgetrotzt hatten.

Jetzt begraben sie die Maren!

Sebastians Herz wurde schwer. Er hatte sie sehr gemocht. Sie war ihm vorgekommen wie einer der Engel, die auf den Bildern in der Kapelle abgebildet waren. Mit blauen Augen, die freundlich blickten. Mit Haaren, so hell wie die Weizenfelder im Sommer. Und mit einem Lachen, das jede Finsternis vertrieb.

Noch vor ein paar Tagen war sie vor dem Haus ihres Vaters gesessen. Das Gesicht der Sonne entgegengestreckt, die unverhofft hinter den Wolken aufgetaucht war.

„Komm her zu mir, Basti!"

Sie klopfte auf den freien Platz auf der Bank, und Sebastian setzte sich nur zu gerne zu ihr. Ihre Hände lagen auf ihrem dicken Bauch.

„Wann kommt es denn?", fragte er und starrte auf die Wölbung unter dem Mantel.

„Bald! Bald kommt die Lilly!"

Sebastian blickte staunend in ihre glänzenden Augen. Er wunderte sich nicht. Denn Maren wusste alles. Sie konnte Dinge sehen und spüren, für die andere Menschen blind waren.

„Maren, kannst du in meinen Kopf reinschauen?"

Ein helles Lachen. „Nicht wirklich, nein! Aber ich kann deine Gedanken fühlen, und manchmal entsteht aus diesen Gefühlen ein Bild."

„Ein Bild? So wie ein Foto?" Er war fasziniert, aber es flößte ihm auch etwas Angst ein.

„Nein, nicht wie ein Foto. Eher so, wie man die Bäume und Gräser sieht, die sich im Fluss spiegeln. Verschwommen und gekräuselt von den Wellen." Maren hatte ihm über die Haare gestrichen. „Wenn ich nicht mehr da bin, musst du auf Lilly aufpassen. Versprich es mir."

Ihre Worte klangen noch immer in seinen Ohren. Und jetzt war Maren tot. Bestimmt hatte sie gewusst, dass sie sterben würde.

Die Glocke war verstummt, nun gab es nur noch das Heulen des Windes. Hinter ihm bockte der Schlitten und kippte zur Seite. Sebastian drehte sich um und bemerkte erst jetzt, dass er fast blind war vor Tränen. Er richtete den Schlitten wieder auf und zurrte mit klammen Fingern das Seil fester um den Sack. Er durfte ihn auf keinen Fall verlieren. Noch einmal den Weg zurück, das würde er nicht schaffen.

Er war völlig außer Atem, als er endlich das Dorf erreichte. Seine Stiefel hatten sich mit Schnee gefüllt, und seine Beine zitterten vor Anstrengung. Hier auf der Dorfstraße kam er endlich leichter voran. Der Schlitten hüpfte über die Eisbuckel wie eine verspielte Katze.

Es klang sehr leise, aber Sebastian blieb stehen und sah sich um. Er stand vor dem Haus, in dem Maren gelebt hatte. Vom Holzzaun ragten nur noch die Spitzen aus dem Schnee, und die Bank, auf der sie gesessen hatten, war ein weißer Buckel.

Er lauschte angestrengt. Außer dem Pochen seines Herzens, das ihm vor Anstrengung in den Ohren klopfte, und dem Pfeifen des Windes war nichts zu hören. Er wollte schon weitergehen, aber da war es wieder.

Ein Weinen.

Er drehte sich einmal im Kreis und blinzelte durch das Gestöber. Nichts. Niemand zu sehen.

Dann sah er nach oben, und sein Herz stand still. Eines der kleinen Fenster im oberen Stock stand sperrangelweit offen. Er wusste sofort, wer da weinte. Und er wusste, dass Lilly jetzt alleine zu Hause war, denn die Familie war auf dem Friedhof bei der Beerdigung.

Er ließ den Schlitten mitten auf der Straße stehen und rannte los. Die Haustür war nicht abgeschlossen. Niemand im Dorf käme auf die Idee, die Haustür zu verschließen, weshalb auch? Sebastian polterte die Treppe hoch. Auf der letzten Stufe stolperte er und landete bäuchlings auf dem fadenscheinigen Teppich im Flur.

Hier konnte er das Weinen deutlich hören. Es klang völlig erschöpft. Sebastian stürmte in das Zimmer, und einen Moment war er wie gelähmt. Das Korbwägelchen stand direkt unter dem offenen Fenster. Die Decke lag auf der Seite, und Lillys blaue Augen blinzelten durch den Schnee auf ihrem Gesicht.

Mit einem entsetzten Schrei schob er den Wagen vor den Ofen und schloss das Fenster. Im Zimmer war es eiskalt. Er wagte kaum, sich umzudrehen.

Was, wenn ihr schon alle Glieder abgefroren sind?

Vorsichtig hob er das Kind aus dem Wagen und befreite es vom Schnee.

„Lilly? Lilly, geht es dir gut? Hast du Schmerzen?“

Dass sie so still geworden war, beunruhigte ihn noch mehr. Ihm wäre lieber gewesen, sie würde aus Leibeskräften schreien.

Lilly blickte ihn nur aufmerksam an. Er musste schnell etwas tun. Er legte sie auf das schmale Bett – in dem Maren gestorben war! – und zog seine Jacke aus. Nach kurzer Überlegung auch noch seinen Pullover. Er massierte vorsichtig ihre Ärmchen und die nackten, winzigen Beine und Füßchen. Er wickelte Lilly in seinen Pullover und die Jacke. Nun sah sie aus wie eine Raupe, nur das Gesichtchen lugte noch hervor.

Täuschte er sich oder lächelte sie?

Sebastian hauchte ihr einen Kuss auf die kalte Wange. Dann sprang er auf und öffnete die Ofenklappe. Nur Asche und ein letzter Krümel Holz, der ganz hinten noch glühte. Er rannte die Treppe hinunter und holte in der Küche ein paar Holzscheite. Es dauerte, aber schließlich war das Zimmer von einer wohligen Wärme erfüllt, und er setzte sich neben Lilly und wartete.

Darauf, dass endlich jemand käme, der wusste, was jetzt zu tun war.

Das Foto

Hans Winter saß im Schatten vor dem Haus und nahm einen kräftigen Schluck aus der Bierflasche. Dann lehnte er sich zurück und sah seiner Enkelin zu. Lilly kniete vor ihm in der Hitze im Gras, das kleine Hütchen war tief in den Nacken gerutscht. Um sie herum scharrten die Hühner. Aus Steinen und kleinen Hölzchen hatte Lilly einen Miniaturgarten gebaut, den sie nun mit Blüten dekorierte.

Wie ähnlich sie doch ihrer Mutter ist!

Hans wurde das Herz schwer. Lilly war jetzt vier Jahre alt, und seit vier Jahren vermisste er seine Tochter jeden Tag. Er hatte gehofft, dass der Schmerz über Marens Verlust mit der Zeit verblassen würde. Aber er hatte sich getäuscht. Natürlich gab es noch Christa, seine ältere Tochter. Sie lebte mit ihrem Mann Werner und ihrer Tochter ein paar Häuser weiter.

Ach, dieses Mädchen, Sigrid, seine zweite Enkelin.

Hans schüttelte innerlich den Kopf und trank noch einen Schluck. Er musste sich eingestehen, dass er nicht alle seine Nachkommen mochte. Zum Kuckuck, ehrlich gesagt, konnte er sie nicht ausstehen! Anders als zu Maren hatte er zu Christa nie eine Verbindung aufbauen können, aber das schien ihr auch nichts auszumachen. Oder er hatte es nicht mitbekommen, dass sie es empfunden hatte. Wie auch, wo er doch so lange fort gewesen war, gekämpft hatte in einem Krieg, der genauso sinnlos gewesen war wie all die anderen in der Geschichte der Menschheit.

Als Hans wegen seiner Verletzung nach Hause geschickt wurde, machte Sigrid ihre ersten Gehversuche – untermalt von triumphierendem Gekreische.

Vom ersten Moment an war ihm dieses Kind zuwider gewesen, und er hatte keine Ahnung, warum. Sigrid war sechs Jahre älter als ihre Cousine Lilly, hatte die gleichen blauen Augen und blonden Haare wie alle Frauen in dieser Familie.

Aber das war's dann auch schon mit den Gemeinsamkeiten. Sigrid war unnahbar, kalt wie ein Flusskiesel. Darüber konnte ihn auch ihr Lächeln nicht hinwegtäuschen. Manchmal fragte er sich, ob seine Enkelin überhaupt fähig war, irgendetwas zu empfinden. Wahrscheinlich kam sie ganz nach ihrem Vater. Wieso Christa diesen Kerl geheiratet hatte, konnte er bis heute nicht verstehen. Nun, es war Krieg gewesen, vielleicht hatte seine Tochter in einer Art Torschlusspanik gehandelt.

Ja, dieser Krieg, der die halbe Menschheit ausgelöscht, die Städte ausradiert und die Errungenschaften der modernen Welt zerbombt hatte. Der mit einem Waffenstillstand geendet hatte, kurz vor dem endgültigen Kollaps. Alle Landesgrenzen wurden geschlossen, damit sich die Kriegstreiber die Wunden lecken konnten, während die Überlebenden versuchten, die Reste der Zivilisation notdürftig zu erhalten. Eine neue Ordnung herzustellen. Hans zweifelte daran, dass etwas Besseres nachkam. Die, die den Krieg angezettelt hatten, lebten noch. Und die Gier nach Macht und den letzten Ressourcen war unstillbar. Die Lebenden würden sich nie ändern. Und die Toten schwiegen.

Er konnte das Übel nicht aufhalten, nichts tun, außer seine Familie beschützen, so gut es eben ging.

Aber manchmal war das Übel ein Teil der Familie.

Hans dachte an den Nachmittag, als er von Marens Beerdigung zurückgekommen war. Natürlich gab es keine Beweise, dass Sigrid etwas damit zu tun gehabt hatte. Und er hatte seinen Verdacht auch niemals ausgesprochen. Aber es war sein erster Gedanke gewesen, als er das Zimmer betrat und Basti mit Lilly in den Armen fand. Ja, der Basti! Wenn er nicht gewesen wäre … Hans wollte diesen Gedanken nicht zu Ende denken. Wie durch ein Wunder war das Kind unversehrt geblieben.

Lilly platzierte ein Gänseblümchen auf seinem Knie. „Der Basti kommt heute später“, sagte sie, ohne aufzublicken.

Für Hans Winter war das keine Überraschung. Sie war wie ihre Mutter. Sie schien immer zu wissen, was er dachte. Und mit Sebastian schien sie wie mit einem unsichtbaren Draht verbunden zu sein. Lilly wusste, wann er auftauchte, noch bevor er um die Ecke bog.

War das nun gut oder schlecht? Hans wusste nicht, was er davon halten sollte, und er versuchte, es vor den Leuten zu verheimlichen.

Die Leute.

Sie hatten sich schon über Maren das Maul zerrissen. Und hinten rum waren sie heimlich angeschlichen gekommen, wenn sie mal wieder nicht weiterwussten. Hatten Maren angebettelt, für sie in die Zukunft zu schauen. Und sie gehasst, wenn ihre Befürchtungen sich bewahrheiteten.

Hans hoffte, dass Lilly einfach nur besonders sensibel auf ihre Umgebung reagierte und dass sich das mit der Zeit verlieren würde.

„Lilly, möchtest du ein Glas Milch?“ Pünktlich wie immer am späten Nachmittag trat Frau Gotthilf aus dem Haus.

„Oh ja! Ich habe großen Durst!“ Lilly sprang auf und folgte ihr in die Küche.

Hans seufzte. Er hatte Glück gehabt mit den Gotthilfs. Ein älteres Ehepaar, das im Krieg alles verloren und auf ihrem Weg ins Nirgendwo in seinem Haus Unterschlupf gefunden hatte. Sie hausten in den beiden Kammern unter dem Dach.

Und seit Marens Tod kümmerte sich die Frau um das Kind. Hans wäre sonst nichts übriggeblieben, als Lilly in Christas Familie zu geben.

In dieses Haus, in dem es keine Liebe gab.

Die Bierflasche war leer. Außerdem war es immer noch drückend heiß, also folgte er den beiden in die kleine Wohnküche. Über dem durchgesessenen Sofa hing neben dem Kruzifix ein Bild von Maren. Lilly stand davor und betrachtete es eingehend, während sie in kleinen Schlucken ihre Milch trank.

„Opa, warum hängen wir eigentlich nicht auch ein Bild von meinem Papa auf?“, fragte sie und drehte sich zu ihm. Auf der Oberlippe thronte ein weißer Schnauz.

„Weil wir kein Foto von ihm haben.“ Hans wischte ihr mit seinem Taschentuch den Mund ab. Ihr Vater war im Krieg gefallen, hatte seine Tochter nie gesehen.

Lilly schüttelte energisch den Kopf. „Das stimmt ja gar nicht!“, rief sie empört. „Wir haben doch eins!“

Diese Gewissheit, mit der sie es sagte. Ein weiterer Hinweis, dass sie so anders war?

„Komm, ich zeig es dir!“ Lilly stellte das Milchglas ab und nahm seine Hand.

Widerwillig ließ er sich von ihr die Stufen hinaufführen. Im Flur blieb sie stehen.

„Und was jetzt?“

„Du musst schieben!“ Lilly deutete auf die wuchtige Kommode an der Wand. Seit Generationen wurden darin alle Tisch- und Handtücher und die Laken aufbewahrt.

„Mama hat das Foto da hingelegt, und dann ist es heruntergefallen.“

Hans stemmte sich mit seinem ganzen Gewicht gegen das braune Monstrum und schob es ein Stück von der Wand weg. Lilly zwängte den Arm in den Spalt und tastete über den Boden.

Mit einem Freudenschrei zog sie die Hand zurück.

Mit hängenden Schultern starrte Hans auf das vergilbte Foto, an dem noch Spinnfäden klebten. Ein junger Mann in Uniform. Mit ernstem Blick, als hätte er schon damals gewusst, welches Unheil seinen Liebsten drohte.

Gott steh uns bei!

Sigrid saß mit baumelnden Beinen auf dem Küchenstuhl und sah ihrer Mutter zu, wie sie die frisch gekochte Pflaumenmarmelade in Gläser füllte.

„Die zwei da bringst du nachher deinem Großvater.“

Sigrid wusste, dass er Marmelade nicht mochte. Lilly würde sie essen. Als ihre Mutter sich zum Spülbecken drehte, stand sie auf und spuckte in die Gläser. *Das wird dir schmecken, Rotznase!*

„Ja Mama, mach ich."

Eine Wolke aus Biergestank flutete um ihren Kopf, und Sigrid fuhr erschrocken herum. Ihr Vater stand direkt hinter ihr, sie hatte ihn nicht kommen gehört.

Hat er es gesehen?

Aber sie brauchte ihm nur in die glasigen Augen zu blicken. Er war schon wieder völlig betrunken. Er würde es nicht einmal mehr mitbekommen, wenn die Küche in Flammen stünde.

ICH HASSE DICH!

Wortlos schob sie ihn zur Seite und zog eine Jutetasche aus der Schublade.

„Gibt es hier heute eigentlich auch mal was zu essen?" Schwankend hielt er sich am Tisch fest.

„Es ist mitten am Nachmittag. Du musst dich schon noch etwas gedulden." Christa drehte sich nicht einmal um.

Sigrid verabscheute diesen Anblick. Wie sie dastand, mit krummem Rücken und hängenden Schultern sinnlos in der Seifenlauge rührte, als wartete sie auf etwas.

Ja, ihre Mutter wartete. Auf den nächsten seiner Wutausbrüche. Darauf, dass er ihr die Flasche an den Kopf warf oder sie an den Haaren riss.

Sigrid packte die Marmeladengläser in die Tasche und blickte ihrem Vater ins Gesicht. Er konnte kaum noch aufrecht stehen.

„Was ist los? Was glotzt du so?!", brüllte er sie an.

Christas Rücken versteifte sich.

„Nichts", sagte Sigrid und schlug die Augen nieder. „Willst du ein Marmeladenbrot? Ganz frisch gemacht."

„Drecksmarmelade, die könnt ihr selber fressen!“, knurrte er und drehte sich um. Mit unsicheren Schritten wankte er ins Wohnzimmer. Dort würde er sich aufs Sofa werfen, das gesprenkelt war mit Bier- und Schnapsflecken, und in einen komatösen Schlaf fallen.

Und hoffentlich nie wieder aufwachen!

„Ich geh jetzt“, sagte Sigrid.

„Ja, mach das und sag liebe Grüße.“ An ihrer Stimme konnte Sigrid hören, dass ihre Mutter weinte. Lautlos. Wie sie es immer tat.

Auf der Straße flimmerte die erhitzte Luft über dem Boden. Sigrid bemerkte es kaum. Die Wut, die in ihr kochte, war noch heißer. Sie schlängelte sich um die tiefen Schlaglöcher und konnte nur eines denken.

So viele sind nicht mehr aus dem Krieg heimgekommen. So viele! Warum ausgerechnet DU? ICH HASSE DICH!

Da hörte sie ihren Großvater laut lachen und – wie ein kleiner Chor im Hintergrund – die kichernden Stimmen von Sebastian und Lilly.

Sigrid schob sich hinter einen Busch und beobachtete die drei, die nebeneinander auf der Bank vor dem Haus saßen. Lilly in der Mitte blickte strahlend auf etwas in ihren Händen. Sigrid konnte nicht erkennen, was es war.

Aber sie wusste es trotzdem.

Ein Foto. Es war ein Foto von … Sigrid musste sich anstrengen. Aber dann wusste sie auch das. Ein Foto von Lillys Vater.

Bestimmt hätte er seine Tochter geliebt, wenn er noch am Leben wäre. Alle liebten Lilly.

Das Balg. Das ihr alles streitig machte!

Sigrids Hand verkrampfte sich zur Faust. Wenn der Basti nicht gewesen wäre, wärst du schon längst in der Erde verscharrt! Wie deine Mutter. Dann hätten wir nicht so hungern müssen. Dann hätte sich Opa mehr um mich und meine Mutter gekümmert! Vielleicht hätte er mich dann sogar geliebt. Aber der kleine Wolf wird nicht immer da sein!

Lilly hob den Kopf. Reflexartig machte Sigrid einen Schritt zur Seite. Natürlich konnte man sie hinter dieser Hecke nicht sehen. Aber Lilly hatte ihre Gedanken gespürt.

Sigrid kannte das von sich selbst. Es fühlte sich an, als würden Finger über die Stirn streichen, ganz zart.

Und manchmal eiskalt.

Sie trat zurück auf die Straße und öffnete das Gartentor.

„Sigrid! Grüß dich!“ Ihr Großvater klang nicht sehr enthusiastisch. Sigrid wusste, dass er sie nicht mochte, und dafür konnte sie ihrer kleinen Cousine eigentlich nicht die Schuld geben. Denn das war schon immer so gewesen. Sie ging quer übers Gras auf die Bank zu.

„He! Pass auf!“, rief Sebastian und fuchtelte mit den Händen.

Aber da war sie schon über Lillys kleinen Garten getrampelt.

„Oh, tut mir leid.“

Lilly sah ihr in die Augen. *Nein, es tut dir gar nicht leid!* Aber sie sagte kein Wort.

„Hier, von der Mama und schöne Grüße.“

Hans nahm ihr die Marmeladengläser ab. „Möchtest du eine Limo?“, fragte er.

„Nein danke, ich muss noch Hausaufgaben machen.“

Sebastian sah ihr erleichtert nach, als sie davonging. Er mochte Sigrid nicht.

In der Schule saß sie in der Bank hinter ihm, und manchmal hatte er das Gefühl, als würde sein Nacken brennen. Und wenn er sich dann blitzschnell umdrehte, erwischte er sie oft dabei, wie sie hastig den Blick senkte.

Heute Nachmittag hatte er nachsitzen müssen. In der Pause hatte jemand seinen Aufsatz verschmiert. Als Sebastian ihn nach vorne trug und abgeben wollte, erstarrte er vor Schreck, als der Lehrer das Heft aufschlug. Und natürlich glaubte er ihm nicht, dass er das nicht selbst gemacht hatte. Basti hatte einen Schlag mit dem Lineal auf die Finger bekommen und den Aufsatz noch mal neu schreiben müssen.

„Das war die Sigrid“, murmelte Lilly, und Sebastian war weder überrascht, noch brauchte er eine Erklärung.

„Kommt, ihr zwei.“ Hans schlug sich energisch auf die Oberschenkel. „Wir wollen mal nachsehen, ob wir nicht irgendwo einen Rahmen für das Foto finden.“

Die Kinder folgten ihm Hand in Hand ins Haus.

Böse Männer

Lilly rutschte unruhig hin und her und fuhr mit den Händen über den Deckel des zerkratzten Pults. Generationen von Kindern hatten darauf Spuren hinterlassen. Sie war aufgeregt. Heute war ihr erster Schultag, die Kinder in dem engen, düsteren Klassenzimmer scharrten nervös mit den Füßen. Lilly kannte sie alle, das Dorf bestand nur aus ein paar Häusern und den umliegenden Bauernhöfen. Seit dem Krieg wurden die Kinder bis zur fünften Klasse gemeinsam unterrichtet.

Eigentlich wusste sie, dass sie eine gute Schülerin sein würde. Der Basti hatte ihr schon einiges beigebracht. Lilly konnte schon ganz gut lesen und schreiben. Rechnen auch ein wenig. Das war nicht das Problem.

Das Problem, das heute alle Kinder so beschäftigte, war der neue Lehrer.

Er war aus der Stadt gekommen und wohnte im Gasthaus, oben bei den Schmalhofers in einer Kammer. Man wusste nichts über ihn. Außer, dass er sich an der Front hervorgetan hatte, ein Kriegsheld war und wegen seiner Verletzung wieder als Lehrer arbeitete. Gesehen hatte ihn bis jetzt auch noch kaum jemand.

„Was meinst du? Ob er wohl sehr streng ist?“, flüsterte Kathie nervös. Sie saß in der Bank vor Lilly und drehte sich schnell wieder um, als die Tür zum Klassenzimmer aufflog.

„Guten Morgen, Kinder!“

Lilly erstarrte zu Eis.

Sie konnte den Mann gar nicht sehen! Ein dunkler Nebel waberte durch die Tür und bewegte sich zur Tafel.

Um sie herum erklang ein Chor. „Guten Morgen, Herr Peintner!“

Sie blinzelte heftig und starrte an Kathies Rücken vorbei nach vorne. Alle Kinder hatten sich erhoben und standen kerzengerade da. Lilly klammerte sich an das Pult und zog sich mühsam in die Höhe. Durch den Fensterspalt strömte die Wärme des Sommers, aber Lilly fröstelte. Das aufgeregte Zwitschern der Spatzen im Nussbaum vor der Schule verstummte. Es war mit einem Mal so still, als wären alle Töne erfroren.

Aus der dräuenden Wolke drangen Worte, und schließlich schälte sich auch eine Gestalt hervor: ein Mann, nicht alt, nicht jung, mit schwarzen Haaren, die vor Pomade glänzend an seinem Kopf klebten. Hinter dem silbernen Brillengestell musterten kleine Wieselaugen die Kinder.

„Ihr könnt euch jetzt setzen.“ Er hatte eine viel zu hohe Stimme.

Lilly ließ sich auf die Bank fallen und atmete aus. Ihr Herz pochte laut in ihrer Brust. Sie versuchte, sich zu konzentrieren, die Kinder mussten der Reihe nach aufstehen und sich vorstellen. Aber ihre Gedanken wirbelten durcheinander.

Das ist ein böser Mann. Er ist ein schlechter Mensch!

Vor ihren Augen flogen beängstigende Bilder vorbei. So schnell, dass Lilly sie nicht einordnen konnte.

„Lilly!“ Kathie stupste sie in den Bauch.

Lilly riss die Augen auf. Sie stand als Einzige in der Klasse aufrecht, und alle starrten sie an.

Auch der Herr Peintner.

„Also wäre das junge Fräulein wohl jetzt auch so gnädig und würde mir ihren Namen nennen?“ Seine Stimme klang freundlich, aber die winzigen Augen funkelten hinter den dicken Brillengläsern.

„Lilly, ich … ich heiß Lilly Winter“, stotterte sie, und dann versagten ihr die Beine den Dienst, und sie plumpste auf die Bank.

„Vielen Dank, Fräulein Lilly Winter. Ich hoffe nur, dass du nicht wirklich so ein Tollpatsch bist, wie es jetzt gerade den Anschein macht!“

Er drehte sich um und schrieb das Alphabet an die Tafel. Die Kreide kratzte wie ein Messer.

„Und? Wie war es? Ist der neue Lehrer nett?“ Ihr Großvater hatte auf der Bank vor dem Haus auf Lilly gewartet.

Er sah schlecht aus. Das Weiß in seinen Augen war gelb verfärbt, und er war sehr dünn geworden. Die grauen Haare fielen ihm weit über die Stirn. Lilly wusste, dass er sehr krank war. Hans Winter wusste es auch. Aber sie redeten nicht darüber. Es war, als hätten sie einen Pakt geschlossen.

„Ach, es war ganz gut.“ Lilly sah ihm nicht in die Augen, und Hans runzelte die Stirn. Aber er fragte nicht. Wenn Lilly nicht wollte, konnte man diesem Kind sowieso kein Wort entlocken.

Schade, dass der Basti nicht da war. Aber Sebastian ging jetzt in der Stadt auf das Gymnasium, das das Militär wieder hatte aufbauen lassen. Dafür hatte der alte Lehrer noch gesorgt, bevor er das Dorf verlassen hatte. Dass der kluge Wolf eine anständige Ausbildung bekam. Unter der Woche übernachtete Sebastian sogar im Gymnasium, er kam nur noch am Wochenende nach Hause. Hans wusste, wie wichtig es war, dass der Bursche etwas lernte. Das Land brauchte gebildete Köpfe, um wieder aufzublühen. Trotzdem wäre es ihm lieber gewesen, wenn er jetzt hier wäre. Mit Sebastian hätte Lilly sicher geredet.

Und dass es etwas zu reden gab, da war Hans sich sicher. Er folgte Lilly in die Küche, wo er die Milch und ein Marmeladenbrot bereitgestellt hatte.

Das musste er jetzt selbst machen. Denn die Gotthilfs waren tot. Waren eines schönen Morgens nebeneinander im Bett gelegen. Die Hände gefaltet, wie aufgebahrt. So hatte er sie gefunden, nachdem er lange Zeit vergeblich auf die vertrauten Geräusche von oben gewartet hatte.

Der Sanitäter hatte nicht viel gesagt. Sie hatten sich entschlossen zu gehen. Gemeinsam zu gehen.

Lilly musste man das nicht erklären. Sie wusste es und kannte den Grund.

Sie hatten es getan, weil Herr Gotthilf nicht vor seinen Träumen fliehen konnte. Weil ihn die Träume mittlerweile schon tagsüber heimgesucht hatten. Lilly hörte ihn schreien, und sie konnte teilweise auch sehen, wovon er träumte.

Es war unerträglich. Das, was mit ihm und seiner Frau im Krieg geschehen war. Ihren Kindern.

Die Kinder waren tot.

Aber nun begleiteten sie Herrn Gotthilf auf Schritt und Tritt. Und er konnte nicht mehr aufhören zu weinen. Seine Frau konnte seine Qualen nicht ertragen. Denn ihr eigener Schmerz war ja so groß wie die Berge, die manchmal, wenn der Föhn blies, im Sonnenlicht auftauchten. So riesig.

Nicht zu ertragen.

Und deshalb waren sie gegangen. Hand in Hand. Und nun war es still geworden im Haus.

Je näher sie dem Dorf kamen, desto schlechter wurde der Zustand der Straße. Der alte Bus schaukelte über die Landstraße wie ein Schiff bei hohem Wellengang.

Sigrid kannte die Strecke inzwischen in- und auswendig, und so war sie auf das Schlagloch vor der nächsten Kurve vorbereitet. Der ganze Bus rüttelte, und die Scheiben zitterten, als der Fahrer, wie immer ohne zu bremsen, darüberfuhr. Jeden Morgen und jeden Abend machte er das. Und von Montag bis Freitag saß Sigrid in diesem Bus. Es war die einzige Möglichkeit, in die zwanzig Kilometer entfernte Stadt und wieder nach Hause zu kommen.

Nach Hause.

Wie sehr Sigrid sich doch wünschte, in der Stadt, die sich langsam aus dem Trümmern erhob, wohnen zu können. Zwar konnte sie die verbitterten Frauen in Uniform nicht ausstehen, die dort die Mädchen unterrichteten. Und die Schlafsäle, in denen die verwaisten Kinder übernachten mussten, waren eine Katastrophe. Aber wenigstens hätte sie dann unter der Woche ihren Vater nicht ertragen müssen.

Diesen verdammten Säufer! Es wurde täglich schlimmer mit ihm.

Sigrid hatte keine Freude in den Augen ihrer Mutter gesehen, als ihr Vater nach Kriegsende plötzlich vor der Tür gestanden war.

Noch in der ersten Nacht verbrannte er seine Uniform und alles, was an sein vorheriges Leben erinnerte, hinter dem Haus. Sigrid beobachtete ihn dabei von ihrem Fenster aus: Er schüttete Benzin über den unordentlichen Haufen, und die Flammen loderten gleißend in der Dunkelheit. Ihr Vater stand reglos davor, glühende Funken wirbelten um seinen Körper und setzten sich auf seine Schultern. Er bemerkte es nicht.

Sigrid spürte seine Angst. Er hütete schreckliche Geheimnisse und war vor Panik fast verrückt, dass man sie entdecken könnte. Sigrid versuchte, die Bilder aufzufangen, die in seinem Kopf spukten. Sie kannte ihren Vater kaum, aber jetzt wusste sie, was er getan hatte.

Grausame Dinge.

Für die man ihn zur Rechenschaft ziehen würde, wenn man sie ihm nachweisen konnte, wenn es noch jemanden gab, der mit dem Finger auf ihn zeigen konnte.

Sigrid schloss die Vorhänge. Sie hatte genug gesehen. Er fühlte keine Reue, er hatte nur Angst um sein eigenes Leben. Mein Vater ist ein schlechter Mensch, hatte Sigrid gedacht. Aber das war nur eine Feststellung, und eigentlich war es ihr egal gewesen.

Aber dann hatte er immer getrunken, und nun war es nicht mehr egal. Zuerst hatte er im Dorf noch Arbeit gefunden, konnte mal hier und mal dort aushelfen. Auf einem Bauernhof oder im Schlachthaus bei den Schmalhofers, denen auch die Metzgerei und das

Gasthaus gehörte. Aber schon sehr bald wollte ihn niemand mehr haben, weil er nun ständig betrunken war. Und so hockte er fast die ganze Zeit zu Hause. Unrasiert, in dem schmutzigen Unterhemd, in dem er Tag und Nacht herumlief.

Obwohl niemand kam und ihn zur Rechenschaft zog, ertränkte er seine Ängste im Alkohol.

Und wurde immer wütender. Er hatte schließlich sein Leben riskiert und seine Pflicht getan. Jeden verdammten Tag und dieses Pack ausgerottet! Fast. Und was hatte er nun davon? Er hätte Anerkennung verdient, und stattdessen musste er sich verkriechen. Niemand zollte ihm Respekt, nicht einmal seine eigene Frau.

Das musste bestraft werden. Immer öfter. Zuerst, wenn Christa ihm widersprach. Dann, weil ihm das Essen nicht schmeckte. Und schließlich einfach nur, weil sie da war. Oder weil ihm danach war.

Seine Tochter rührte er nicht an. Selbst dann nicht, wenn er sturzbetrunken war. Wie sie da vor ihm stand. Die blonden Haare zu Zöpfen geflochten, die bis zur Hüfte reichten. Und ihn ansah, mit ihren kalten Augen. Dann fühlte er sich wie ein Insekt. Aufgespießt auf einer Nadel und von ihrem Blick seziert. Er hatte Angst vor ihr. Fürchtete sich vor einem dreizehnjährigen Mädchen, dem langsam unter der Bluse ein Busen wuchs.

Sigrids Kopf schlug an die Scheibe, und sie wurde aus ihrem Dämmerschlaf gerissen. Ihr Nacken schmerzte von der unbequemen Position. Sie blickte sich um und sah in der Ferne den Turm der Kapelle. Noch ein paar Minuten, und sie war daheim.

An der Haltestelle vor dem Gasthaus zwängten sich die Leute aus dem Bus. Ein paar Bäuerinnen, die zweimal in der Woche in der Stadt Gemüse und Früchte feilboten. Und die Kinder, die mit ihr zur Schule gingen. Wie schon im Bus, schwatzten alle durcheinander, aber Sigrid lief wortlos davon.

Das Haus war noch nicht einmal in Sichtweite, da konnte sie es bereits spüren. Wie Wellen, die auf sie zu rollten.

Schmerzen.

Da wusste sie, was sie vorfinden würde. Ihre Mutter, die sich in eine Ecke verkrochen hatte. Grün und blau geschlagen von ihrem Mann.

Sigrid betrat die schäbige Küche, und Christa drehte ihr den Rücken zu.

„Mama?"

„Schon gut. Reg dich nicht auf." Ihre Stimme klang heiser. Sie musste lange geweint haben. Sigrid fasste sie an der Schulter und drehte sie zu sich. Christas linkes Auge war zugeschwollen, und am Hals hatte sie dunkle Male.

Er hat sie gewürgt!

„Warum lässt du das zu?" Sigrid dachte, sie müsste vor Zorn ersticken.

Ihre Mutter ließ sich weinend auf einen Schemel fallen. „Mein Gott, Kind! Was soll ich denn tun? Wo sollen wir denn hin?"

„ER! Er soll verschwinden!", zischte Sigrid.

„Das wird er niemals tun, das weißt du. Früher war er nicht so. Vor dem Krieg. Er hat viel Schlimmes durchgemacht, und deshalb trinkt er so viel. Das musst du verstehen. Aber er hat gesagt, er will jetzt damit aufhören."

Sigrid biss die Zähne zusammen. Fast hätte sie losgebrüllt. Ihre Mutter angeschrien und beschimpft, weil sie so dumm war, das zu glauben. Weil sie so schwach war!

Sigrid konnte ihren Anblick nicht mehr ertragen, empfand nur noch Verachtung. Sie drehte sich um und stürmte die Treppe hoch in ihr Zimmer. Ihre Zöpfe schlugen wie Ruten auf ihren Rücken. Mit geballten Fäusten stand sie am Fenster und sah ihn da liegen. Unter dem Apfelbaum. In seinem verdreckten Hemd, die Beine gespreizt und in der Hand eine Schnapsflasche. Er schlief. Wenn er wieder zu sich kam, würde er nicht mehr wissen, was er seiner Frau angetan hatte. Und würde sie an ihre ehelichen Pflichten erinnern.

Sigrid schüttelte sich vor Ekel.

Er muss weg!

Nachdem sie diesen Entschluss gefasst hatte, entspannte sie sich. Sie ließ sich aufs Bett fallen und schloss die Augen. Sie machte sich auf die Suche nach einer Lösung, und ihre Gedanken wanderten durch das Dorf. Dann sah sie es. Es war so einfach.

Sigrid öffnete lächelnd die Augen.

„Kathie, du bleibst noch hier!"

Das Mädchen erstarrte. Die Kinder stürmten trampelnd aus dem Klassenzimmer, nur Lilly blieb zögernd stehen. Sie konnte die Angst sehen, die Kathie empfand. Wie ein feuerroter Mantel lag sie um ihren kleinen Körper. Lilly hatte auch Angst.

Angst um Kathie.

Denn Herr Peitner war böse. Er machte seit ein paar Wochen Sachen. Mit Kathie.

Böse Sachen.

Sie hatte ihre Freundin gefragt. Aber Kathie hatte nur entsetzt den Kopf geschüttelt und war davongerannt. Lilly wusste nicht, was sie tun sollte. Sie wusste nur, dass sie Kathie nicht alleine lassen durfte.

„Lilly, du kannst jetzt gehen!"

„Kann ich nicht hier warten, Herr Peitner? Wir wollen doch nachher noch zusammen die Hausaufgaben machen."

In Kathies Augen flammte Hoffnung auf, aber dann blickte sie zum Lehrerpult und ließ den Kopf sinken.

Tak, tak, tak, tak.

Er saß hinter seinem Tisch und musterte die beiden von Kopf bis Fuß. Und klopfte dabei mit seinem Lineal auf die Kante.

Tak, tak, tak, tak.

Lilly wäre am liebsten davongerannt, aber sie versuchte, seinem Blick standzuhalten. Diesem Glitzern hinter der Brille.

Mit einem Ruck erhob er sich, und die beiden Mädchen zuckten zusammen.

„Ich sagte, du kannst gehen! Kathie wird ihre Strafe für ihre schludrigen Hausaufgaben jetzt absitzen. Und zwar ohne deine Unterstützung!"

Er packte Lillys Arm und schob sie zur Tür hinaus.

Diese Hände!

Die Berührung löste eine Flut von Bildern aus, und mit einem Mal wusste sie, was er mit diesen Händen machte. Sie kauerte sich vor Verzweiflung weinend unter dem Fenster des Klassenzimmers an die Mauer. Ihre Gedanken rasten.

Ich muss Kathie beschützen!

Aber wie? Sollte sie jemanden zu Hilfe holen? Aber was sollte sie sagen? Niemand würde ihr glauben, und Kathie würde aus Angst und Scham schweigen.

„Hast du deiner Freundin etwas erzählt? Hast du irgendjemandem etwas gesagt?!“ Seine Stimme!

Das Fenster über Lillys Kopf stand einen Spalt offen, es war, als stünde er direkt neben ihr.

Von Kathie kam nur eine geflüsterte Antwort.

„Dann ist es ja gut. Du weißt doch noch, was ich gesagt habe? Was mit kleinen Mädchen passiert, die schlimme Sachen über den Lehrer erzählen? LÜGEN ERZÄHLEN!“

Es blieb still, aber Lilly konnte Kathie vor ihrem inneren Auge nicken sehen. Und weinen.

Nein! Nein! Nein! Nein!

Lilly rannte über den Schulhof und griff sich einen großen Stein. Sie holte weit aus und warf ihn in die Scheibe. Im gleichen Moment, in dem das Glas in tausend Stücke zersprang, rannte sie davon. Sie wusste, das würde reichen. Das würde ihn so erschrecken und verunsichern, dass er Kathie gehen ließ.

Für heute.

Sigrids Kleid starrte vor Schmutz, und an den Ärmeln ihrer Strickjacke baumelten herausgerissene Fäden. Ihre Knie waren aufgeschürft, und der Holzsplitter unter dem Daumennagel verursachte einen pochenden Schmerz. Aber sie spürte es kaum. Sie hatte es geschafft und war nun auf dem Heimweg. Alles war vorbereitet für ihren Vater.

Seine ewige Ruhe.

Ihre Arme zitterten immer noch vor Anstrengung, aber sie lächelte zufrieden. Auf der Dorfstraße kam ihr Lilly entgegengerannt.

Sieh an. Meine kleine Cousine ist ja völlig aus dem Häuschen? Was ist der Rotznase denn passiert?

Lilly entdeckte sie und ging langsamer. Als sie sich kreuzten, blickten sie einander in die Augen. Beide versuchten zu sehen. Es war, als würden sich in ihren Köpfen ihre Finger ineinander verschlingen. Lilly sah nur einen dunklen Stollen, und ein Schmerz, wie vom Stich einer Nadel, zuckte ihr durch den Kopf.

Sigrid lachte. Sie war stärker.

„Ah, die Kathie! Oh je, das arme Kind!“ Sie lachte immer noch, als Lilly davonrannte.

„Ich könnte mir doch das Gesicht schwarz anmalen und ihm auflauern! Und dann verprügle ich ihn so, dass er nicht mal mehr laufen kann!“ Sebastian ballte die Fäuste.

Er saß mit Lilly ganz hinten im Obstgarten unter dem alten Nussbaum, der immer noch reichlich Früchte trug. Lilly starrte auf den vollen Korb – Opa würde einen Nusskuchen backen! – und schüttelte den Kopf. Sie hatte Basti von Kathie erzählt.

Und der Wolf musste keine Fragen stellen. Woher sie das wusste, wenn doch die Kathie ihr gar nichts erzählt hatte. Nun suchten sie gemeinsam nach einem Ausweg. Sie wussten beide, dass das, was Kinder erzählten, keine Rolle spielte. Hier im Dorf nicht, und wahrscheinlich auf der ganzen Welt.

Wenn der Bezirksleiter, der Pfarrer oder der Lehrer etwas sagte, dann war das so, selbst wenn die Erzengel kämen und etwas anderes behaupten würden.

„Nein, nein. Das ist viel zu gefährlich!“ Lilly schlang die Arme um den Wolf und seufzte tief.

Sebastian war nun fast vierzehn Jahre alt und im letzten halben Jahr richtig gewachsen. Und weil er im Gymnasium so gerne Sport machte, hatte er auch ein paar Muskeln bekommen. Aber der Herr Peintner war viel stärker. Trotz seiner Kriegsverletzung. Er würde den Basti grün und blau schlagen.

Sebastian strich ihr über den Kopf. Wie seidig ihre Haare waren! Lilly hatte nicht gewollt, dass sie ihren Großvater ins Vertrauen zogen. Er war sehr krank. Sebastian hatte das Gefühl, dass jeden Samstag, wenn er sie endlich wieder besuchen konnte, etwas weniger von ihm da war.

Lilly löste sich aus seiner Umarmung. „Du musst schreiben. Du musst Zettel schreiben!“

„Was denn für Zettel?“

„Auf denen so etwas steht wie: Wir wissen, was du mit Kathie machst, und wir werden es allen erzählen!“ Lillys Augen blitzten. „Und vielleicht auch noch: Wir sagen es dem Bezirksleiter. Oder: Wenn du nicht aufhörst, musst du sterben.“

Sebastian grinste. „Genau. Wir machen diesem Schwein die Hölle heiß! Der kennt meine Schrift nicht, und ich werde sie sowieso verstellen, nie im Leben kommt der auf uns! Ich werde mein Gesicht schwärzen, ihm in der Nacht auflauern und die Zettel vor die Füße werfen. Dann wird es ihm vergehen, kleine Mädchen zu quälen!“

Sebastian war vor Begeisterung ganz aus dem Häuschen. Das war ein wenig so wie in dem Spionagefilm, den er letzte Woche gesehen hatte. In der Turnhalle, die manchmal auch als Kino diente. Vielleicht sollte er einen Kapuzenpulli tragen?

Lilly kicherte.

„Hast du das jetzt gesehen?“, fragte er mit einem schiefen Grinsen.

Lilly sprang auf, nahm den Korb und lief auf das Haus zu. „Ja klar. Weißt du doch!“

In dieser Nacht stand Lilly im Traum im Zentrum eines Tornados. Um sie herum wirbelten Bilder wie die herausgerissenen Seiten eines Buchs. Ein Bär in einer Uniform, wie die Männer sie im Krieg getragen hatten. Er hockte in einem Loch und sah sie flehend an. Über seine Schnauze tropfte das Blut aus einer Kopfwunde. Er hatte Hände wie ein Mensch und streckte sie ihr entgegen. Eine Uhr! Er hielt eine goldene Uhr in der Hand. Dann wurden die Bilder fortgetragen, hinauf in die Höhe, ins dunkle Nichts. Im selben Moment beugte sich das Gesicht eines Riesen zu ihr herab.

Das Gesicht des Lehrers.

Seine Wieselaugen waren groß wie Teller und funkelten bösartig hinter der monströsen Brille. Lilly wollte fliehen. Aber sie konnte sich nicht bewegen.

Nicht fortlaufen vor der riesigen Hand, die aus dem Strudel auftauchte und mit spitzen Fingern nach ihr griff wie nach einer Ameise. Sie hörte Schreie. Den Bären, der brüllte vor Schmerz.

Und Kathie, die weinte. Lilly presste sich die Hände auf die Ohren, und dann war es endlich still.

Der Tornado hörte auf sich zu drehen, und sie sah nur noch ihre kleine Freundin. In Hunderten winzigen Spiegeln, die sich bis zum Himmel auftürmten.

Kathie trieb reglos im Mondlicht, mit dem Gesicht im Wasser im Fluss.

Am Ufer schliefen die Gänse.

Sigrid wartete hinter der Mauer des Friedhofs auf ihren Vater. Der Dorfplatz lag im Dunkeln, nur im Gasthaus brannte noch Licht. Es war schon elf Uhr vorbei, und bald würde der Wirt die letzten Gäste hinauswerfen. Sie konnte die Stimmen der Männer hören, die in der Gaststube eine hitzige Diskussion führten. Sie hatten im Laufe des Abends etliche Biere und Schnäpse getrunken und waren kurz davor, sich an die Gurgel zu gehen. Sigrid hoffte, dass ihr Vater überhaupt noch gehen konnte.

Es war ziemlich weit bis zu seinem Grab.

Die Tür flog auf, und der Wirt stand mit aufgerollten Hemdsärmeln als Schemen im Licht. Der Geruch von Alkohol und Zigaretten wehte bis zu ihr.

„Jetzt geht ihr alle direkt nach Hause. Ich will hier keine Schlägerei vor dem Haus!“ Der alte Schmalhofer, der selbst auch genug getrunken hatte, fuchtelte mit den Händen.

Die Männer verschwanden in alle Himmelsrichtungen. Ihr Vater kam torkelnd auf sie zu, und Sigrid trat aus dem Schatten.

„Ich muss dir etwas zeigen."

Werner zuckte zusammen und riss entsetzt die Augen auf. Einen Moment dachte sie, er würde vor Schreck einen Herzinfarkt bekommen.

Dann wäre das Problem gelöst.

„Verdammtes Gör! Was lauerst du hier herum? Bist du verrückt geworden? Du hast mich zu Tode erschreckt, du dämliches Miststück!" Er japste nach Luft und lehnte sich an die Mauer.

„Hier, schau!" Zwischen ihren Fingern baumelte eine Armbanduhr direkt vor seiner Nase. Sogar in diesem spärlichen Licht konnte er sehen, dass sie aus Gold war.

Werner stierte mit zusammengekniffenen Augen auf das Schmuckstück und riss es ihr aus der Hand. Er drehte und wendete die zierliche Damenuhr.

„Was ist das?" Er hatte Mühe, deutlich zu sprechen.

„Etwas von dem, was die Leute bei Kriegsbeginn versteckt haben."

Werner glotzte sie fassungslos an, und Sigrid hätte beinahe gelacht.

„Wo … woher hast du die?"

Das, mein lieber Vater, wirst du nie erfahren!

Sigrid hatte die Uhr bei der Witwe Rotner gestohlen. Einer alten Frau, die nicht mehr ganz bei Sinnen war und längst vergessen hatte, dass sie eine Uhr besaß und weiteren Schmuck.

„Es gibt noch mehr davon. Sie haben ihre Wertsachen an einen sicheren Ort gebracht."

Werner fuhr sich mit der Zunge über die Lippen. Er brauchte dringend Geld, und diese Uhr war wertvoll. Und wenn es noch mehr davon gab, dann würde er sich das holen. Das Bauerngold. Er hatte ein Anrecht darauf nach allem, was er durchgemacht hatte!

„Die meisten sind ja im Krieg umgekommen, deshalb liegen die Sachen immer noch dort."

Wieder hatte Werner das Gefühl, dass seine Tochter seine Gedanken lesen konnte. Wie er das hasste!

„Komm, ich führ dich hin."

Er folgte ihr durch das Dorf bis hinunter zu dem kleinen Fluss. Auf der Holzbrücke blieb er schnaufend stehen. „Warum hast du denn nur die Uhr mitgenommen und nicht gleich das ganze Zeug?" *Dann müssten wir jetzt nicht hier durch die Dunkelheit stolpern, du dumme Kuh!* Er wurde wütend.

Sigrid drehte sich zu ihm um. „Weil ich Angst hatte. Weil ich nicht wusste, wo ich die Sachen vor Mama verstecken könnte. Sie hätte diesen Fund ganz bestimmt gemeldet."

Ja, weil du zu dämlich bist! Missmutig trottete er weiter.

Sigrid hatte eine kleine Taschenlampe und führte ihn durch den Wald bis zum Eingang des Stollens.

Der Stollen!

Werner hatte ganz vergessen, dass es ihn gab. Ein Überbleibsel aus längst vergangenen Zeiten. Als er noch ein kleiner Junge war, hatten die Dorfbewohner den Eingang mit Brettern und Balken verrammelt. Und mussten immer mal wieder nachbessern. Denn obwohl es strengstens verboten war, zwängten sich die Kinder auf der Suche nach Abenteuern durch jede Lücke in der Absperrung in die Höhle. Bis schließlich eines Tages ein Teil der Decke einstürzte und es sich zudem herumgesprochen hatte, dass es nichts zu sehen gab.

Sigrid schob ein paar Bretter zur Seite.

„Was? Da soll ich rein?“ Er bückte sich und blinzelte in das dunkle Loch. Seine Tochter schlüpfte wortlos an ihm vorbei hinein. Er musste auf allen vieren kriechen, um ihr zu folgen.

Verdammte Scheiße! Die soll mir das Zeug herbringen, verflucht noch mal!

Nach ein paar Metern konnte er wieder aufrecht stehen, aber er musste den Kopf einziehen. Mit unsicheren Schritten tapste er über den Boden, der übersät war mit Geröll und morschen Brettern. Es stank nach verfaultem Wasser und nach verwesenden Tieren, die so dumm gewesen waren, hier Unterschlupf zu suchen. Vor ihm tanzte der Lichtkegel der Taschenlampe an den feuchten Wänden entlang. In seinem Magen rumorten der Alkohol und das Wurstbrot, das ihm Christa am späten Nachmittag noch gemacht hatte.

Gleich kotze ich!

„Warte, nicht so schnell, verdammt noch mal!“

„Da schau, dort ist es.“ Der Strahl der Taschenlampe fiel auf einen Stapel alter Kleider, die ein paar Schritte vor ihnen auf dem Boden lagen. Und darauf thronte eine verbeulte Blechschachtel, aus der eine Perlenkette quoll.

Das Bauerngold.

„Gib her!“ Werner riss ihr die Taschenlampe aus der Hand und ging darauf zu. Die Schachtel war nicht besonders groß, stellte er enttäuscht fest. Aber wenigstens schien sie gut gefüllt zu sein, und er konnte bestimmt …

Er machte einen Schritt ins Leere.

Wild fuchtelnd, versuchte er sich irgendwo festzuhalten, und die Taschenlampe glitt ihm aus der Hand. Sie landete in der Tiefe, und er wusste nicht, ob dieses Geräusch, das er im Fallen hörte, von ihrem Aufschlag her rührte oder von seinem Kopf. Mit dem er heftig an die Wand der Grube schlug, bevor er mit verrenkten Gliedern auf dem Boden landete.

In einer Kloake!

Es wurde dunkel, und er tastete panisch nach der Taschenlampe. Er grunzte vor Erleichterung, als er sie im Wasser fand und heftig schüttelte.

Sie funktioniert noch!

Erst jetzt spürte er den Schmerz im Oberschenkel. Sein Verstand hatte noch immer nicht verarbeitet, was gerade passiert war. Er stützte sich an der glitschigen Wand ab und versuchte, sich aufzurichten.

Brüllend ließ er sich wieder in die stinkende Brühe fallen.

Gebrochen! Ich habe mir verdammt noch mal alle Knochen gebrochen!

Mit klappernden Zähnen sah er sich um. Die Grube war gerade so breit, dass er sich mit ausgestreckten Beinen aufsetzen konnte. Aber so tief, dass er ohne Leiter nicht mehr hinaufkommen würde. Er wollte sich die Schmerzen bei der nächsten Bewegung nicht einmal vorstellen!

„SIGRID!" Er richtete die Taschenlampe nach oben und leuchtete ihr ins Gesicht.

Es war schneeweiß. Ihre Augen ausdruckslos. Sie beugte sich vor und lächelte.

Da begriff er. Sie hat das geplant! Zum ersten Mal seit Monaten konnte er klar denken und schrie vor Entsetzen.

„Niemand kann dich hören." Es war eine nüchterne Feststellung. Ein Schlag ins Gesicht.

„Sigrid, Herr Jesus! Das kannst du nicht machen!" Er wimmerte.

„Du siehst doch, dass ich es kann." Ihre langen Zöpfe baumelten wie Stricke über den Rand.

Sie leuchtete ihm mit einer Taschenlampe ins Gesicht, und er kniff geblendet die Augen zu. Jetzt wusste er, was die Beule in der Tasche ihrer Strickjacke verursacht hatte.

Er wurde von einer Wut gepackt, die ihm den Verstand raubte.

„Du verfluchtes Miststück! Du, du … FOTZE!"

Er warf die Uhr nach ihr, die er die ganze Zeit umklammert hatte. Sie prallte an der Wand ab und fiel ins Wasser. Er biss die Zähne zusammen und versuchte, sich aufzurichten. Er würde sie erwürgen, mit den eigenen Händen totschlagen. So wie diese Missgeburten! VERBRENNEN!

Sein Bein knickte wie ein morsches Stück Holz unter ihm weg, und er sackte weinend zusammen. Mit beiden Fäusten schlug er um sich, und das faulige Wasser spritzte ihm ins Gesicht. Angewidert wischte er mit der Hand über den Mund und sah, dass er blutete. Erst jetzt realisierte er den pochenden Schmerz im Kopf.

„Sigrid, bitte! Ich bin doch dein Vater. Das kannst du doch deinem eigenen Vater nicht antun!"

Sie war nicht mehr zu sehen. Stattdessen hörte er das schabende Geräusch von Brettern, die über den Boden geschleift wurden.

Das kann nicht wahr sein! Diese Schlampe will mich hier tatsächlich verrecken lassen!

„SIGRID! VERFLUCHT NOCH MAL! WAS TREIBST DU DA!“

Sie antwortete nicht.

Im Schein der Taschenlampe verfolgte er tobend und schreiend, wie sie Brett für Brett über die Öffnung schob. Ihr Gesicht war rot vor Anstrengung, und sie keuchte mit offenem Mund. Schließlich blieb nur noch ein kleiner Spalt übrig, durch den er ihre ausdruckslosen Augen sehen konnte.

„Sigrid!“, flüsterte er, und dann war sie verschwunden.

Mit zitternden Beinen torkelte sie durch die Dunkelheit. Ihre Knie und Hände bluteten, und sie war so erschöpft, dass sie sich am liebsten einfach nur irgendwo ins Gras geworfen hätte. Zuletzt hatte sie den Eingang des Stollens wieder verbarrikadiert und mit großen Ästen verdeckt.

Sie konnte ihren Vater immer noch brüllen hören. Ganz leise und nur, wenn sie den Atem anhielt und aufmerksam lauschte.

Niemand würde ihn finden.

Niemand würde sich überhaupt die Mühe machen und nach ihm suchen. Dem Säufer, der seine Frau verprügelte. Sigrid ballte die Fäuste. Jeder im Dorf hatte davon gewusst, aber keiner hatte etwas dagegen unternommen.

Doch, ihr Großvater hatte es versucht. Aber Christa hatte ihn gebeten, sich nicht einzumischen. Weil sie dafür büßen musste.

Aber das ist jetzt vorbei. Für immer.

Sigrid fühlte sich vollkommen leer. Sie wollte sich nur noch in ihrem Bett verkriechen und schlafen. Ewigkeiten schlafen und dann ein neues Leben beginnen. Gehäutet wie eine Schlange.

Die Glocken läuteten zum sonntäglichen Gebet, aber Xaver Peintner hörte sie nicht. Er starrte auf den Zettel, den ihm jemand unter der Zimmertür durchgeschoben hatte.

Wir wissen, was du mit Kathie machst, und wir ...

Dutzende Male hatte er ihn schon gelesen, während seine Gedanken rasten. Die Schrift war verstellt, aber dass dies kein Erwachsener geschrieben hatte, dessen war er sich sicher. Also war noch alles gut.

Aber wie lange noch?

Ich muss etwas unternehmen! Er verbrannte den Zettel und griff nach seiner Jacke. Es war höchste Zeit für die Messe.

Fast alle Dorfbewohner hatten am Gottesdienst teilgenommen und strömten nun aus der Kapelle. Die wenigen, die es sich leisten konnten, überquerten schwatzend und lachend den Dorfplatz und verschwanden im Gasthaus. Der Sonntagsbraten dort war unübertrefflich.

„Kathie!“

Das Mädchen ging an der Hand seiner Mutter und drehte sich um.

„Kathie, ich muss dir etwas sagen." Lilly war außer Atem.

„Also, Kinder, das hat doch noch Zeit bis nach dem Mittagessen. Kathie, komm jetzt!" Ihre Mutter zog sie mit sich fort.

„Kathie! Kathie, du musst aufpassen! Bleib nicht allein, hörst du?", rief Lilly ihr hinterher. „Du darfst nie alleine irgendwo hingehen!"

Sie war immer noch ganz verstört von den Träumen der letzten Nacht, und am liebsten hätte sie Kathie gepackt und sich irgendwo mit ihr versteckt.

Vor dem Eingang drehte sich Kathie noch einmal um und sah sie an. Sie wirkte so klein und verloren zwischen all den Erwachsenen, die durch die Tür drängten.

Sie sahen einander in die Augen.

Es war das letzte Mal.

Abschied

Jetzt werde ich gehen müssen.

Hans Winter schnappte röchelnd nach Luft. Er hatte sich wieder übergeben, und Lilly war mit der Schüssel nach draußen gegangen.

Dass ich überhaupt so lange durchgehalten habe! Hans konnte es selbst kaum begreifen. Genauso wenig wie der Arzt, der ihm vor Jahren erklärt hatte, was sich da unaufhaltsam durch seinen Körper fraß. Der alle paar Wochen vorbeikam und ihn notdürftig mit Medikamenten versorgte, die er auftreiben konnte. Ins Krankenhaus kamen nur noch die Jungen, die das Leben noch vor sich hatten.

Jetzt lag Hans in seinem Bett, und er wusste, dass es nicht mehr lange dauern würde.

Dann musste er Lilly verlassen.

Sie ist dreizehn, und bald werden sie kommen um sie zu testen!

Er wünschte sich so sehr, er könnte sie beschützen vor all dem Übel und dem Bösen, das sich ausgebreitet hatte wie die Pest im Mittelalter. Der General hatte sich die Vollmacht über jeglichen Besitz verschafft. Ein paar Bewohner waren schon aus dem Dorf vertrieben worden, denn es gab Pläne, man hatte etwas vor an diesem abgeschiedenen Ort. Täglich wurden neue Gesetze erlassen. Vorschriften und Verbote legten sich wie eiserne Ketten über das Land. Die vom Krieg ausgezehrten Menschen lebten in Angst.

Und seit ein paar Jahren erblickte kaum mehr ein Kind das Licht der Welt. Und wenn, verbluteten die meisten Frauen nach der Geburt.

Hans ahnte, was der Grund dafür sein könnte. Die Menschheit hatte sich selbst verseucht. Teuflische Giftstoffe waren im Krieg in die Umwelt gelangt, und es sah ganz so aus, als würde der Homo sapiens aussterben. Noch immer gab es arm und reich und ein paar, die Macht hatten. Aber die große Masse versuchte einfach irgendwie zu überleben, fügte sich und gehorchte. Es hatte sich nicht viel geändert auf der Welt.

Doch jetzt gab es etwas, das wertvoller war als alles andere. Babys, gesunde Kinder.

Die Bezirksleiter hatten die Pflicht, alle jungen Mädchen und Frauen zu registrieren. Alter und gesundheitlichen Status zu melden. Dann tauchten die Schergen des Generals auf, begleitet von Ärzten, die irgendwelche Tests durchführten. Meistens zogen sie enttäuscht wieder ab, aber manchmal nahmen sie die Mädchen mit. Wenn nötig mit Gewalt. Niemand wusste, wohin sie gebracht wurden. Und niemand hatte sie je wiedergesehen.

Hans wischte sich mit dem feuchten Taschentuch über den Mund. Widerlich! Er war froh, dass Lilly das Fenster geöffnet hatte, er wollte nicht in einer Wolke seines eigenen Gestanks von dieser Welt gehen.

Hans wehrte sich dagegen einzuschlafen. *Schlafen kann ich noch lange genug. Wenn doch nur das Wölfchen hier wäre, um ihr beizustehen!*

Aber Sebastian war jetzt ein Soldat. Sie hatten ihn rekrutiert, als die Rebellen immer zahlreicher wurden und sich immer mehr Menschen gegen das gnadenlose

Regiment des Generals auflehnten. Wieder wurde gekämpft. Ob jemals eine Zeit kommen würde, in der es keine Kriege mehr gab? Hatten seine Nachkommen überhaupt eine Chance, einmal so alt zu werden wie er?

Hans zog sich das Laken bis unters Kinn, seufzte tief und dachte an die Zeit, in der er so viel Leid erlebt hatte, dass er manchmal nicht mehr ein und aus gewusst hatte.

Als man Kathie gefunden hatte, unten im Fluss. Lilly hatte geschrien vor Verzweiflung. „Ich bin schuld! Ich bin schuld, dass Kathie tot ist!"

Nacht für Nacht war sie von Albträumen ihrer ermordeten Freundin gequält worden, und Hans hatte sie nicht beruhigen können, weil er es nicht verstanden hatte.

Bis ihm endlich Sebastian die ganze Geschichte erzählte, und Hans begriff. Ja, es war ein großer Fehler gewesen, dass die Kinder ihn nicht eingeweiht hatten. Lilly hatte sich nach dem Tod der Freundin ganz verschlossen. Und seither hatte auch nichts mehr auf ihre Gabe gedeutet. Es schien, als hätte Lilly sie verloren.

Hans war nicht unglücklich darüber. Schon bei Maren hatte er es als unheimlich empfunden. So etwas konnte viel Unheil bringen. Da war er sich sicher.

Maren!

Sie stand vor seinem Bett. Er öffnete blinzelnd die Augen. Aber natürlich war sie nicht da. Seine Tochter war ja schon lange tot. Jetzt war er doch tatsächlich kurz eingenickt.

Wenn doch nur der Basti da wäre! Alle sind sie jetzt fort. Auch dieses Schwein von Lehrer, nachdem man ihn verhört hatte. Xaver Peintner hatte alle Verdächtigungen empört von sich gewiesen, und es gab ja keinerlei Beweise. Alles nur dummes Geschwätz von verrückten Kindern. Danach war er gegangen, samt seinen guten Referenzen.

Hans schnaubte wütend und bekam einen Hustenanfall. Ich sollte mich nicht so aufregen. *Ach zum Teufel!*

Und Werner ist auch verschwunden. Weiß der Himmel, wo der sich herumtreibt. Aber wahrscheinlich ist er längst tot, so, wie der gesoffen hat!

Hans war erleichtert gewesen, als sein Schwiegersohn nicht mehr auftauchte.

„Maren?“

Sie war da und hielt seine Hand.

„Ja, ich bin da. Schlaf jetzt.“

Lilly strich ihm sanft über die Haare.

Nur ein paar Blumen.

Durch die Tränen in ihren Augen verschwammen sie zu einem bunten Bild. Lilly wischte sich über die Wangen und sah sich um. Sie stand allein auf dem Friedhof, die anderen waren längst gegangen. Um sie herum zwitscherten die Vögel in den Bäumen. Es war Frühling, der Beginn neuen Lebens. Ein Lufthauch strich ihr über die Wange wie eine sanfte, tröstende Berührung.

Aber es gab keinen Trost.

Es gab nur Schmerz und Verlust.

Ihren Vater, den sie nie kennengelernt hatte, der in einem fremden Land elend umgekommen war. Ihre

Mutter, die bei ihrer Geburt gestorben war. War das nicht auch eine Schuld, die sie trug? Wie die für Kathies Tod? Kathie, die sich so verzweifelt gewehrt hatte, als sie ersäuft wurde wie ein blindes Kätzchen.

Es gab nur Leid und Einsamkeit, denn jetzt war niemand mehr da. Lilly konnte die Leere fühlen, die vor ihr lag wie eine Wüste. Gegen die Träume war sie machtlos. Aber sie hatte gelernt, sich vor den Bildern zu verschließen, die sie tagsüber heimsuchten.

Denn ihr Großvater hatte recht.

Es war nicht gut, diese Dinge zu sehen. Das machte alles noch schlimmer.

Man konnte das Unheil nicht aufhalten.

Sigrid stand in Lillys Zimmer und sah sich um. Sie hatte Besseres zu tun, als in der Gaststube zu sitzen und Trauer zu heucheln. Sie trug ein elegantes, schwarzes Kostüm und spitze Pumps mit hohen Absätzen. Von ihrem Gehalt hätte sie sich die niemals leisten können. Aber ihr Chef und zukünftiger Ehemann konnte sehr großzügig sein – wenn Sigrid das wollte.

Ihr Blick fiel auf den kleinen Spiegel über der Kommode. Und was sie dort sah, gefiel ihr. Eine außergewöhnlich hübsche junge Frau mit stahlblauen Augen und einer modischen Frisur. Ja, die alten Zöpfe waren ab. Im wahrsten Sinne des Wortes.

Alles war jetzt Vergangenheit. Sie würde nie wieder hungern, und nie wieder fadenscheinige Lumpen tragen. Und ganz sicher niemals ein Leben führen wie das ihrer Mutter. Geschlagen und gedemütigt von einem Säufer! Sie würde sich nun nehmen, was sie brauchte, und alles, was nötig war, dafür tun.

Und ich werde für meine Cousine sorgen, mit dreizehn Jahren ist man alt genug um zu arbeiten. Sigrid lächelte. In der Kleiderfabrik, die schon bald ihr gehören würde, wurden geschickte Hände gebraucht. Lilly würde Uniformen nähen, vielleicht sogar die, in der ihr Beschützer, der kleine Wolf sterben würde.

Sigrid erinnerte sich an Marens Blick kurz vor der Niederkunft.

„Wenn du ihr etwas antust, wirst du mit deinem Leben dafür bezahlen."

Dummes, hilfloses Gewäsch einer Totgeweihten.

Lilly, wie sehr sie sich doch verändert hatte. Als Sigrid versucht hatte, in ihren Kopf einzudringen, wie mit Tentakeln ihre Gedanken zu erfassen, war da nichts gewesen. Einfach nichts.

Lilly hatte sich hinter einer Mauer verschanzt, wo sie unerreichbar blieb, es schien, als habe sie ihre Gabe verloren.

Sigrid wühlte in der Kommodenschublade. Sie wusste, wo sie suchen musste.

Und da lagen sie. Die Briefe, die Sebastian an Lilly geschrieben hatte.

Ach, muss Liebe schön sein! Sigrid schnaubte verächtlich und steckte die Kuverts in ihre Handtasche. Was darin stand, interessierte sie nicht im Geringsten. Irgendwelches Gesülze wahrscheinlich.

Aber es ist besser, wenn du mit leichtem Gepäck umziehst.

Lilly würde bald getestet werden. Sigrid kannte das Resultat schon. Lilly war unfruchtbar, genau wie sie selbst. Nur, dass das außer ihr nur die Ärztin wusste, die Sigrid ein falsches Attest ausgestellt hatte, damit der Mann, den Sigrid sich ausgesucht hatte, auf einer Hochzeit bestehen würde. Ein kleiner Gefallen, damit Sigrid den Mund hielt. Nichts erzählte über die Dinge, die die gute Frau Doktor in Teufels Küche bringen konnten.

Sigrid sah sich noch einmal um. Was für ein schäbiges Zimmer! Ein dunkles Loch. Alles hier war armselig, das Haus, die Leute, dieses Kuhdorf. Das ganze Leben!

Es war Zeit, zu gehen.

Bis dass der Tod uns scheidet

Das Surren der Nähmaschinen klang wie das Brummen der Hummeln, die im Garten ihres Großvaters die Blumen umschwirrt hatten. Lilly hob den Kopf und massierte sich den schmerzenden Nacken. Ihr Blick schweifte durch den Saal, in dem über dreißig Leute damit beschäftigt waren, Uniformen herzustellen. Alte Frauen, unfruchtbare Mädchen und ein paar Kriegsveteranen, die wegen ihrer Verletzungen keine andere Arbeit mehr leisten konnten.

Alle hatten schwarze Hände. Die Qualität des Stoffes, der für die Uniformen verwendet wurde, hatte sich dramatisch verschlechtert. Lilly wusste nicht, womit das Material so tiefschwarz gefärbt wurde, aber anscheinend gab es auch hier einen Mangel.

So wie an fast allem. Es fehlte an Nahrung, an Medikamenten, an Hoffnung und Freiheit. Nur Waffen gab es anscheinend immer noch genug.

Lilly bemerkte den strengen Blick der Aufseherin und beugte sich wieder über ihre Arbeit. Seit nun mehr fünf Jahren saß sie auf einem Schemel und nähte Knöpfe und Rangabzeichen an die Uniformen. Manchmal wurde eine Schneiderpuppe in den Saal geschoben, und Veronika, eine besonders geschickte Näherin, machte sich an die Arbeit. Sie bekam ein Schnittmuster und wunderschöne Stoffe in bunten Farben. Veronika zauberte daraus Blusen und Kleider. Wenn das fertige Produkt an der Puppe hing, leuchtete es wie eine Blume in einem verbrannten Feld, und alle fragten sich, für wen es wohl gefertigt worden war.

Lilly wusste es.

Sigrid musste nicht in abgetragenen, alten Kleidern herumlaufen. Sie musste auch keine Uniform tragen. Ihre Cousine gehörte seit ihrer Heirat zu dem kleinen Kreis derer, die noch Besitz hatten, Macht ausüben konnten, weil sie dem General nahestanden.

Lilly hatte sie seit der Beerdigung nicht mehr gesehen. Seit dem Tag, als sie mit ihr in einem Auto mit Chauffeur in die Stadt gefahren war und Lilly wie ein Gepäckstück bei der Aufseherin abgegeben hatte.

Anfangs war Lilly wie betäubt gewesen und hatte einfach getan, was man von ihr verlangte. In den Nächten hatte sie im Schlafsaal dem Flüstern der Frauen gelauscht, die einander seltsame, schreckliche Dinge erzählten.

Lilly wollte nichts davon wissen. Sie zog sich ganz in sich selbst zurück, während die Tage und Nächte vorbeistrichen wie flüchtige Schatten. Sie war nur noch ein winziges Rädchen einer Maschine, die scheinbar endlos weiterlief. Nur ein Gedanke quälte sie: Wo war der Wolf?

Vielleicht hätte sie Sebastian finden können, sehen, wenn sie sich geöffnet hätte. Aber sie fürchtete sich viel zu sehr davor. Was, wenn ihm etwas geschehen war? Wenn er verletzt und hilflos irgendwo lag? Das zu wissen und ihm nicht helfen zu können, hätte sie um den Verstand gebracht.

Sebastian. Wie zwei Papierschiffchen auf einem Fluss waren sie durch die letzten Jahre getrieben, aber jetzt hatte der Wind sie an Land gespült.

Vor zwei Wochen waren sie einander wiederbegegnet. Vor dem Krankenhaus …

Sebastian humpelte an Stöcken die Straße entlang. Er schwitzte in seiner Uniform, aber noch schlimmer war der Juckreiz unter dem Gips. Es würde sich geradezu göttlich anfühlen, wenn er endlich abgenommen wurde.

Er konnte es kaum erwarten, obwohl das bedeutete, dass er spätestens nach zwei Tagen wieder als dienstfähig eingestuft wurde. Er durfte den Knöchel dann einfach nicht zu sehr belasten.

Sein Blick glitt über die Fassade des Krankenhauses. So von außen betrachtet sah es eigentlich wieder ganz gut aus, wenn man bedachte, wie es im Krieg verwüstet worden war.

Aber Sebastian wusste, wie es drinnen aussah. In welchem Zustand die Menschen waren, die man hier notdürftig operierte und pflegte, weil die Ärzte nichts mehr hatten, womit sie arbeiten konnten.

Das Land versank immer tiefer im Elend, und nur wenige hatten die Kraft, sich dagegen zu wehren. Und meistens bezahlten sie dafür mit ihrem Leben.

Sebastian hasste die Uniform, die er trug, er verabscheute die Dinge, die seine Kameraden im Namen des Gesetzes taten.

Gesetz! Was für ein hehres Wort für die Willkür eines Despoten.

Sie metzelten die Menschen nieder, die sich dagegen auflehnten. Männer, Frauen, Alt und Jung,

Knaben, die fast noch Kinder waren. Nur die Mädchen wurden verschont.

Und auch ihn würde man auf der Stelle erschießen, wenn man hinter sein Geheimnis käme. Sebastian hatte sich längst den Rebellen angeschlossen. Er sabotierte die Einsätze der Miliz, er verriet ihre Pläne und zerstörte und manipulierte Waffen, so oft sich ihm eine Gelegenheit bot.

Beim letzten Mal hatte er sich in einem Waffendepot den Knöchel gebrochen. Bei der Verfolgung eines flüchtigen Attentäters. Das jedenfalls hatte er den herbeigeeilten Soldaten erzählt, und sie hatten ihm geglaubt. Auch der Leutnant.

Aber wie lange noch? Wie lange würde es noch dauern, bis ihnen auffiel, dass ständig der Wolf in der Nähe war, wenn etwas schiefging?

Wolf. Sebastian dachte an die Zeit zurück, als er sich darüber geärgert hatte, wenn man ihn so nannte. Außer wenn …

Er hielt den Atem an. Es war, als hätte sich seine Erinnerung an sie materialisiert.

Lilly kam direkt auf ihn zu. Die vor Hitze flimmernde Luft verzerrte ihre Silhouette. Schweißtropfen liefen ihm in die Augen, aber er wagte es nicht, sie fortzuwischen. Er hatte Angst, dass sie wieder verschwinden würde genau in dem Augenblick, in dem er die Hand vor Augen hatte.

Sie lief ihm entgegen. Lilly. Kein Kind mehr, sondern eine junge Frau, aber es gab keinen Zweifel.

Die Haare hatte sie im Nacken zusammengebunden, ein paar störrische Locken kringelten sich in der feuchtheißen Luft um ihr Gesicht.

Wo ist sie gewesen? Was macht sie hier? Seine Gedanken kollerten wie verschüttete Erbsen durch seinen Kopf. *Ich bin fünfundzwanzig, also ist sie jetzt schon achtzehn, warum hat sie nie auf meine Briefe geantwortet, wo war sie die ganze Zeit, wieso ...*

Alles wurde still, als sie auf ihn zu rannte und ihm um den Hals fiel.

Als dehnte sich die Zeit, standen sie lange eng umschlungen mitten auf der Straße. Das ungeduldige Hupen eines Lasters riss sie zurück in die Wirklichkeit.

„Komm", sagte Sebastian und zog sie an der Hand mit sich.

Der Arzt konnte warten und, wenn nötig, würde er den Gips selbst zertrümmern.

„Ich kann nicht lange fortbleiben." Nur eine Stunde. Eine Stunde durften die Näherinnen das Fabrikgelände mittags verlassen.

Sebastian führte sie in den Garten hinter dem Krankenhaus. Unter einem Kastanienbaum setzten sie sich ins vertrocknete Gras.

Zeit, die Zeit drängte, und es gab doch so viel, was sie einander sagen wollten.

Sebastian sah in ihre blauen Augen. Es kam ihm vor, als leuchteten sie noch mehr als damals. Und doch, etwas war anders.

„Du kannst nicht mehr … sehen?"

Lilly schüttelte den Kopf. „Ich will nicht. Ich will das nicht mehr."

Er nahm ihre Hände. Die Haut war verfärbt. Schwarz. Genauso wie seine Arme und Beine von der Uniform.

„Vielleicht habe sogar ich die genäht", sagte Lilly und strich ihm über die Brust.

Sie weiß also doch, was ich denke!

„Sigrid hat mich nach Opas Beerdigung in die Fabrik gebracht. Und dort lebe ich seitdem."

Sigrid. Er verzog das Gesicht. „Arbeitet sie auch da?" Es war ihm völlig egal. Aber für das, was er ihr sagen wollte, fand er keine Worte. Es war zu groß und zu bedeutend.

„Nein, ihr und ihrem Mann gehört die Fabrik."

„Ist sie immer noch so ein Biest?"

„Ich weiß es nicht, ich habe sie seit fünf Jahren nicht mehr gesehen. Aber ich bin mir sicher, dass es ihr gut geht." Lilly dachte an die Schneiderpuppe.

„Wir gehen fort aus diesem verfluchten Land. Wir werden zusammen fliehen", brach es unvermittelt aus ihm heraus. Er hätte es längst getan, wenn dieser winzige Funke erloschen wäre. Die Hoffnung, Lilly zu finden.

„Zusammen fortgehen." Lilly seufzte tief. „Aber wie und wohin? Wenn man uns erwischt …, man wird dich auf der Stelle hinrichten." Sie deutete auf das Rangabzeichen auf seiner Brust.

„Das kann uns vielleicht sogar nützen. Diese Bastarde haben uns aus der Schule geholt und in diese Uniformen gesteckt. Uns ausgebildet und gezwungen, zu töten …" Er stockte bei der Erinnerung, wie er zum ersten Mal einen Menschen umgebracht hatte. „Ich habe mich schon lange den Rebellen angeschlossen. Ich hätte mich alleine durchschlagen können, aber ich bin geblieben, und auch wenn du nicht mehr sehen kannst, weißt du doch, weshalb."

Lilly drückte seine Hand, die jetzt groß und kräftig war. Es fühlte sich so vertraut an.

„Die Rebellen erzählen, dass jenseits der nördlichen Grenze die Menschen in Freiheit leben. Viele sind schon mit ihren Frauen und Töchtern geflohen. Wir können das auch schaffen.“ Selbst wenn es sein Leben kosten würde, er würde Lilly außer Landes bringen.

„Aber alles wird streng überwacht. Wenn wir in eine Kontrolle geraten, in meinem Ausweis steht ...“

Sie musste den Satz nicht vollenden. Sebastian wusste, darin stand, wo sie sich aufhalten durfte. Wenn man sie außerhalb dieser Zone erwischte, gab es keine Gnade. Er war selbst oft genug bei solchen Patrouillen dabei gewesen.

„Ich kenne jemanden, der uns Passierscheine besorgen kann, du musst nur etwas Geduld haben.“

Lilly war immer ein Teil von ihm gewesen, nun fühlte er sich wieder vollständig, lebendig, und er würde alles tun, um sie nicht wieder zu verlieren.

„Ich werde ewig auf dich warten, wenn es sein muss“, flüsterte Lilly und küsste ihn.

Es war, als berührten Schmetterlingsflügel seine Lippen. Einen Moment lang wagte er nicht zu atmen, aber dann brachen alle Dämme, und Sebastian riss sie in seine Arme. Er konnte nicht mehr aufhören, sie zu küssen, nie wieder wollte er sie loslassen, und am liebsten hätte er sie mit Haut und Haaren verschlungen.

Außer Atem schob Lilly ihn ein Stück von sich.

„Ich muss gehen. Wenn ich zu spät zurückkomme, lässt man mich vielleicht nicht wieder raus.“

„Lilly! Du starrst schon wieder Löcher in die Luft. Pass auf, die Alte hat dich im Visier!“ Veronica rüttelte sie an der Schulter.

Lilly griff hastig nach einer Fadenspule und senkte den Kopf. Der Blick der Aufseherin brannte auf ihrem Scheitel.

„Was ist los mit dir?“, flüsterte Veronica und tat so, als würde sie in dem Durcheinander auf dem Tisch etwas suchen. „Seit zwei Wochen bist du so anders. Wenn ich es nicht besser wüsste, würde ich behaupten, dass du verliebt bist.“

„Unsinn, bin ich nicht.“ Es war keine Lüge. Sie war nicht verliebt, denn das war das falsche Wort. Sie liebte Sebastian mit jeder Faser ihres Herzens. Und ihres Körpers.

Lillys Wangen röteten sich, als sie an den gestrigen Tag dachte. An das leere Zimmer im Krankenhaus, in dem sie sich eingeschlossen hatten. Und geliebt. In der gestohlenen Zeit, fast ohne Worte, voller Hunger und verzweifelter Leidenschaft.

„Ich glaube, du lügst mich an.“ Veronica kicherte.

„Meine Damen, würden Sie sich bitte wieder auf die Arbeit konzentrieren? Schwatzen können Sie heute Abend.“

Sigrid bedeutete dem Chauffeur, vor der Fabrik zu halten. Sie war in Eile, denn heute Abend hatten sie Gäste. Gäste von Rang und Namen. Aber auch diesmal würde der General nicht persönlich erscheinen, für seine Anwesenheit waren die Leute zu wenig wichtig. Aber sein Neffe würde kommen. Ein attraktiver Mann, der großen Einfluss hatte. Und deshalb wollte Sigrid besonders gut aussehen und das neue Kostüm tragen, das sie in Auftrag gegeben hatte.

Sigrid hatte die Fabrik seit Jahren nicht mehr betreten, aber heute musste es sein.

Hoffentlich ist es überhaupt schon fertig!

Sie eilte auf hohen Absätzen über den Hof und riss die Tür zur Halle auf. Abgestandene Luft schlug ihr entgegen. Die Lampen über den Arbeitstischen surrten so laut wie die Nähmaschinen. Unerträglich.

Es war, als wäre die Welt um Lilly in Bewegung geraten. Wie Wasser, über das der Wind fegt. Sie versuchte, sich zu verschließen, aber es war schon zu spät. Noch bevor Lilly sich umdrehte, wusste sie es. Sie war da.

„Du!“ Sigrid lächelte. „Was für ein Zufall. Da betrete ich zum ersten Mal seit Ewigkeiten diese Halle, und die Erste, der ich begegne, bist du. Wie geht es dir denn? Hast du dich gut eingelebt?“

Lilly brachte keinen Ton hervor. Es kostete sie übermenschliche Kraft, die Mauer in ihrem Kopf aufrecht zu halten gegen die spitzen Krallen, die sich darin festbohrten, um eine Lücke zu finden.

Für einen kurzen Moment blitzte vor ihren Augen das Bild des Bären auf. Von ihrem Onkel, der in einer Grube lag und dessen Körper längst verfault war. Lilly hatte schon damals gewusst, was Sigrid getan hatte. Aber sie hatte es verdrängt. Eingeschlossen in einen finsteren Raum.

„Ja, wir sollten wirklich einmal über die guten alten Zeiten plaudern!“ Sigrid sah ihr tief in die Augen. „Und bestimmt gibt es viele Dinge, die *du* mir erzählen möchtest.“

„Hier, bitte schön, Frau Richter, es ist gerade fertig geworden." Veronica rollte die Schneiderpuppe vor sich her, an der ein gelbes Kostüm hing.

Zögernd wendete Sigrid den Kopf.

Lillys Herz raste. Sie hätte nicht länger standhalten können, dann wäre der Wall eingestürzt, und sie hätte Sebastian in Lebensgefahr gebracht.

Blass vor Schrecken, beobachtete sie ihre Cousine, die das Kostüm begutachtete.

Sie ist unfruchtbar, sie war niemals schwanger, sie hat alle getäuscht! Die Gedanken rollten wie Felsbrocken durch ihren Kopf. Lilly konnte sie nicht aufhalten.

Sigrid fuhr herum und starrte sie an. Dann lächelte sie.

„Alles ist perfekt, so, wie es ist", sagte sie, so als rede sie mit allen Anwesenden im Raum, deren Augen auf sie gerichtet waren. „Wir sehen uns bald wieder."

Sie legte sich das Kostüm über den Arm und verließ eilig die Halle.

Lilly fühlte sich plötzlich elend und krank. Sigrid hatte eine Tür geöffnet, von der sie gehofft hatte, dass sie für immer verschlossen bliebe. Denn dahinter warteten schon die Träume auf sie.

Und so war es dann auch.

Sie kann es immer noch!

Sigrid saß im Fond des Wagens und versuchte, sich zu beruhigen. Das kleine Miststück hatte im Bruchteil einer Sekunde alles gesehen, was sonst niemand wusste. Die Lüge entdeckt, die aus ihr die Ehefrau von

Olaf Richter gemacht hatte. Sigrid war unfruchtbar, aber sie hatte ihre Ärztin gezwungen, ihr bei der Vortäuschung einer Schwangerschaft zu helfen. Fünf Monate lang, und dann war es zu einer Fehlgeburt gekommen. Für Olaf ein Schock, aber in diesen Zeiten nichts Außergewöhnliches.

Olaf, sie brauchte ihn nicht mehr. Er wurde lästig. Es war an der Zeit, eine weitere Stufe zu erklimmen.

Und Lilly? Konnte sie ihr schaden? Gefährlich werden?

Nein. Sigrid entspannte sich. Es gab so viele Wege sie zum Schweigen zu bringen.

Für immer.

Eddie hockte auf einer Bank und verpestete die Luft. Das hatte jedenfalls der alte Knacker behauptet, der vorhin kurzatmig an ihm vorbeigezottelt war.

„He, du Deserteur! Mach, dass du hier fortkommst, und geh dich waschen!"

„Verschwinde nach Hause, du alter Sack!", hatte Eddie mit einem freundlichen Lächeln geantwortet und ihm eine dicke Wolke Zigarrenrauch hinterhergeblasen.

Der Alte war schimpfend in der Dunkelheit verschwunden. Eddie streckte die Beine aus und legte den Kopf in den Nacken.

Ja! Friede sei mit dir, verflucht. Ich habe schon genug Ärger.

Er sah hinauf zu den Sternen, die hell leuchteten. Unbeeindruckt von dem ganzen Elend.

Eddie fuhr sich durch die langen Haare.

Mal wieder waschen wäre tatsächlich angesagt! Die Frage ist nur, wo?

Sie hatten ihn aus dem schäbigen, feuchten Keller geworfen, in dem er Unterschlupf gefunden hatte. Die unrasierten, jungen Männer, die sich einbildeten, sie könnten das Volk befreien. Sogar die Weiber faselten von Revolution. Aber Eddie, dem Regiment seines Vaters entkommen, hatte nicht das geringste Interesse an so einem Mist. Was sollte denn diese Scheiße? Es war völlig aussichtslos und viel zu gefährlich. Er hatte nicht vor, wegen ein paar hitzigen Dummköpfen sein Leben zu riskieren.

Aber jetzt war diese kalte Bank alles, was er im Moment hatte. Und die wenigen Habseligkeiten, die er in die große Tasche zu seinen Füßen gestopft hatte. Verdammt, was er jetzt brauchte, war ein Wunder. Eine gute Fee, die ihm drei Wünsche erfüllte. Oder wenigstens einen!

Der vertrocknete Tabak knisterte zwischen seinen Fingern, als er einen tiefen Zug nahm. Durch den Rauch sah er eine Frau, die auf dem Kiesweg auf ihn zu spazierte. Er riss die Augen auf.

Himmel! Was für ein Weib!

Sie trug einen kurzen Rock und eine Bluse. Und diese Bluse war durchsichtig!

Er konnte im Dämmerlicht ihre Brüste sehen, so rund und fest, dass sie sich kaum bewegten.

Der Schweiß trat ihm auf die Stirn.

Was in drei Teufels Namen treibt so ein Klasseweib hier alleine mitten in der Nacht?

Sie kam direkt auf ihn zu. Ihre blonden Haare lockten sich um ihr Gesicht.

Heilige Scheiße!

Als sie vor ihm stand und ihn mit einem Lächeln musterte, richtete er sich auf wie ein Schuljunge vor dem Lehrer.

„Hallo, junger Mann. Ganz alleine?"

Die spricht *mich* an?

„Äh ja. Vollkommen allein." Er stotterte und kam sich vor wie der letzte Trottel.

Sie setzte sich neben ihn auf die Bank, und ihr Rock rutschte in schwindelerregende Höhe.

„Tja", sagte sie. „Nun sind wir beide nicht mehr allein." Sie sah ihm in die Augen. In dem spärlichen Licht funkelten ihre eisblau.

Die Glut seiner heruntergerauchten Zigarre versengte ihm die Finger, und er ließ sie verlegen fallen.

„Schade", flüsterte sie. „Ich hätte gerne einen Zug probiert."

„Ich habe leider keine mehr." Was sollte er davon halten? Sie kam aus einer anderen Welt. Wie sie gekleidet war – ihre Bluse! – zeugte von Geld und Macht. Wieso sprach eine solche Frau einen Typen wie ihn an?

„Vielleicht könnten wir ja zusammen etwas trinken. Magst du Whisky? Ich habe zu Hause noch eine ganz besondere Flasche."

Ich träume! Scheiße, das kann doch nicht wahr sein! Ist sie das jetzt, die gute Fee?

„Whisky, ich wusste gar nicht, dass es so etwas heutzutage noch gibt!" Er konnte gar nicht aufhören zu grinsen und wünschte sich, er hätte sich am Morgen wenigstens die Zähne geputzt.

„Gib mir ein wenig Vorsprung, ich möchte mich noch etwas frischmachen." Sie beugte sich so dicht zu ihm, dass er ihre makellose Haut und die dichten Wimpern bewundern konnte.

Als sie ihm ihre Adresse ins Ohr flüsterte, streifte ihre Brust seinen Oberarm, und er hatte Mühe, sich zu konzentrieren.

„Also dann. In einer halben Stunde!“ Winkend verschwand sie in der Dunkelheit.

Scheiße, ist das jetzt wirklich passiert?

Eddie war sich nicht sicher, ob das eben nicht doch ein völlig irrer Traum gewesen war. Mit einer genauen Wegbeschreibung und Adresse. Total schräg! Doch er kannte die Gegend. Eine verbotene Zone, und das passte zu ihr. Wahrscheinlich war sie einsam, oder sie hatte einen Mann, der damit beschäftigt war, sich anderswo fortzupflanzen. Vielleicht wollte sie auch einfach mal etwas erleben. Ein Abenteuer der anderen Art.

Egal. Dieses aufreizend parfümierte Weibchen hatte sich ausgerechnet ihn ausgesucht, und er gedachte, diese Chance zu ergreifen. *Wer weiß, was daraus noch alles werden kann.* Er sah auf die Uhr und machte sich auf den Weg.

Er stand direkt hinter ihr. Der Bär legte ihr eine Tatze auf die Schulter, und Lilly konnte den fauligen Atem riechen.

„Du musst sie aufhalten.“ Es war die Stimme ihres Onkels. Werner, der längst tot war und den man nie gefunden hatte.

Lilly sah sich um. Sie stand in einem Park unter einer mächtigen Buche. Über ihr rauschte der Wind in der Baumkrone. Sie sah einen jungen Mann mit langen Haaren in der Dunkelheit verschwinden.

„Du weißt, was sie mir angetan hat. Und sie wird es wieder tun."

Lillys Herz raste.

„Was soll ich denn tun? Was? WAS? Sag es mir!" Sie war sich bewusst, dass sie träumte. Dass niemand da war. Trotzdem hoffte sie auf eine Antwort.

„WACH AUF!"

Sie trug einen feuerroten Seidenpyjama, unter dem sich ihre Brustwarzen abzeichneten. Eddie ließ seine Tasche fallen und schlang die Arme um sie. Die Haustür war offen gestanden, und sie erwartete ihn mit zerzausten Haaren in einem Wohnzimmer, wie er es nur aus Filmen von früher kannte.

Scheiß auf den Whiskey, der kann warten! Er versuchte, sie zu küssen, aber sie bog den Kopf zurück.

„Schlag mich!", sagte sie und sah ihm herausfordernd in die Augen.

„Was?"

„Schlag mich! Fest! Ins Gesicht!"

Er fühlte sich, als hätte jemand einen Eimer kaltes Wasser über ihn gekippt. Schlagen? Eine Frau? Das war nun überhaupt nicht sein Ding.

Sie fuhr ihm mit langen Nägeln quer übers Gesicht.

„Verflucht!", schrie er verblüfft. „Was soll das?"

„Schlag mich!" Wie eine Furie zerrte sie an seinem Hemd.

Er versetzte ihr eine kräftige Ohrfeige. Erschrocken über sich selbst, starrte er sie an. Aber sie lachte.

„Gut! Gut, weiter so!“ Sie riss ihm ein Büschel Haare aus.

„Verdammtes Luder! Hör auf mit dieser Scheiße!“

An was für ein Höllenweib bin ich da geraten! Die ist ja vollkommen verrückt!

Sie krümmte die Finger zu einer Klaue und krallte sich in seinem Hals. Er kreischte vor Schmerz und verpasste ihr einen Faustschlag. Ihr Auge schwoll augenblicklich zu.

Aber diese Irre lachte immer noch! Eddie hatte endgültig die Schnauze voll und warf sie in einem Schwung auf das Ledersofa.

„Ich hau jetzt ab! Für solche Spielchen hast du dir echt den Falschen ausgesucht, du Miststück!“

„Tatsächlich?“ Sie funkelte ihn an und riss mit beiden Händen das Pyjamaoberteil auf. Ein Knopf landete leise klingelnd auf dem Marmorboden.

Er starrte auf ihre prallen Brüste.

„Hör zu. Ich mag es nicht so wild. Ich … ich kann dann nicht, verstehst du? Also könntest du dich vielleicht etwas beruhigen?“ Er konnte selbst nicht glauben, was er da sagte.

Sie rutschte vom Sofa und strich ihm über die erhitzten Wangen. Er sah sein Blut an ihren Fingern.

„Ja, natürlich, bitte, verzeih mir, dass ich so grob war.“ Nun war sie wieder die lächelnde Fee, die ihn im Park angesprochen hatte.

„Komm.“ Sie nahm ihn an der Hand. „Lass uns erst einmal einen Schluck trinken.“

Ja, jetzt konnte er dringend einen Whiskey gebrauchen. Eine ganze Flasche!

Er trottete hinter ihr her in eine Küche. Im Halbdunkel kam sie ihm größer vor als das

Wohnzimmer seiner Eltern, in dem er als Kind gespielt hatte. Unter seinem Schuh knirschte zerbrochenes Glas. Sie ließ seine Hand los und ging zielsicher um einen Tisch.

„Gibt's hier denn kein Licht?", fragte er. Der Raum wurde nur schwach von einer Lampe im Garten beleuchtet.

Eddie wollte ihr folgen, aber sein Fuß blieb an irgendetwas hängen, und er stolperte. Er konnte gerade noch feststellen, wie weich sich dieses Etwas anfühlte, als er schon der Länge nach auf den Boden knallte.

Scheiße!

„Schalt endlich das verdammte Licht ein!", brüllte er. Es war eine unsanfte Landung gewesen, und jetzt war es genug. Zum Teufel mit ihren Brustwarzen und dem Whisky! Das hier war das Allerletzte, und er zog es vor, im Park zu pennen. Er würde abhauen, bevor er sich hier wegen diesem durchgeknallten Weib noch selbst massakrierte. In seinem Handgelenk pulsierte ein heißer Schmerz.

„Himmel! Ich glaub, ich habe mir die Hand gebrochen!" Er setzte sich auf und blinzelte ins Zwielicht.

Wo steckt denn diese Furie?!

Außer dem Ticken einer Wanduhr war es völlig still.

Er rieb sich das Handgelenk, und sein Blick fiel auf das Etwas neben ihm, über das er gestolpert war.

Ein Mann!

Da lag der reglose Körper eines Mannes in einem schwarzen See.

„Scheiße noch mal! Was ist hier los!?"

Eddie vergaß sein Handgelenk und rückte panisch zur Seite. Er wollte sich aufrappeln, aber er rutschte in der Pfütze aus – *das ist Blut*! *Verdammte Scheiße, das ist BLUT!* – und landete hart auf dem Hintern.

Hektisch sah er sich um.

„He, verdammt! Wo bist du? Hier liegt ein toter Mann in deiner Küche!" Erst jetzt wurde Eddie bewusst, dass er nicht einmal ihren Namen kannte.

Dann ging alles blitzschnell.

„Ganz nah bei dir", säuselte sie, und im selben Moment warf sie sich auf ihn.

Sie war schwerer, als er erwartet hätte. Ihr Gewicht drückte ihm die Luft aus den Lungen, und er riss erschrocken den Mund auf. Etwas, das sich anfühlte wie ein monströser Stachel, bohrte sich ihm in den Hals.

„Was … wasch machschdu …!" Aus seinem Mund drang nur noch ein Gurgeln. Er hob die Hände, um den Stachel zu entfernen, und griff ins Leere.

Denn der Stachel bohrte sich jetzt in sein Herz.

Das Gesicht der Fee schwebte in der Dunkelheit vor seinen Augen.

Sie seufzte erleichtert, als er starb.

Als er nicht mehr atmete, rutschte Sigrid ein Stück beiseite und lehnte sich an den Küchenschrank. Sie musterte die beiden Männer, die scheinbar einträchtig nebeneinander lagen.

Kein Whisky heute, meine Herren.

Sie war überrascht, wie leicht es gewesen war. Aber das Schlimmste stand ihr noch bevor. Missmutig blickte sie auf das blutige Obstmesser in ihrer Hand.

Das würde jetzt noch ekliger werden. Aber nicht so ekelhaft wie diese Nächte mit Olaf. Sie hatte es nicht mehr ertragen, mit ihm zu schlafen. In sein verzerrtes Gesicht zu blicken, wenn er auf ihr lag.

Vor der Heirat hatte sie wenigstens gewusst, weshalb sie sich das antat. Olaf war dann tatsächlich bis nach dem tragischen Verlust des Kindes brav und verständnisvoll geblieben und hatte sie in Ruhe gelassen.

Aber in der letzten Zeit war er durchgedreht. Er hatte seine klebrigen Finger nicht mehr von ihr lassen können, und sie war es leid geworden. Überdrüssig, den Anschein aufrechtzuerhalten. Und jetzt war es vollbracht.

Es war immer ihr Ziel gewesen, die Witwe von Olaf Richter zu werden. Und Olaf war selbst schuld. Wie hatte er nur jemals glauben können, dass eine Frau wie sie einen Wichtel wie ihn aus einem anderen Grund in ihr Bett lassen würde.

Lächerlich.

Es hatte allerdings gedauert, bis Sigrid endlich den Mut aufbrachte. Ihren Plan lange überdacht, denn seit der General an der Macht war, wurde auch wieder die Todesstrafe verhängt. Doch nun war alles perfekt verlaufen. Niemand würde sie verdächtigen.

Einen Moment schob sich Lillys Gesicht vor ihre Augen.

Das lästige Balg!

Aber was kann sie schon tun. Nichts! Lilly ist keine Gefahr. Selbst wenn sie alles durchschaut, kann sie nichts beweisen. Denn die Polizei wird einen Einbrecher vorfinden, einen verwahrlosten Rebellen, der ihren Ehemann umgebracht hat und der beim Versuch, sie zu vergewaltigen, selbst den Tod gefunden hat.

Notwehr. Also los jetzt!

Sigrid schrie.

Sie war darauf gefasst gewesen, dass es schmerzen würde. Aber so sehr?

Sigrid starrte wimmernd auf das Messer, das sie sich in den Oberarm gerammt hatte. Mit bebenden Fingern zog sie es heraus. Das Blut sprudelte aus der klaffenden Wunde, und sie presste den Arm auf den Oberkörper des jungen Mannes, der mit weit geöffneten Augen an die Decke starrte. Sein Hemd saugte sich damit voll, und sie seufzte zufrieden. Dann legte sie ihm das Messer in die Hand und drückte seine Finger um den Griff. Erschöpft lehnte sie sich zurück.

Ihr Herz hämmerte, und für einen Moment kroch Panik ihn ihr hoch, wie Magensäure.

Reiß dich zusammen!

Sie durfte jetzt keinen Fehler machen.

Ich muss mir Zeit lassen.

Sie studierte das Szenario in der Küche noch einmal ganz genau.

Olaf, niedergeschlagen mit der lächerlichen, kleinen Bronzestatue, die vom Küchensims in die Runde geglotzt hatte. Der Schnitt durch seine Kehle, der ihm den Rest gegeben hatte.

Die Glasscherben unter dem offenen Küchenfenster.

Der Rebell mit den blutigen Striemen im Gesicht und am Hals. Und natürlich den Messerstichen, an denen er gestorben war.

Und sie, das überlebende Opfer mit dem zugeschwollenen Auge, den blauen Flecken und dem zerrissenen Oberteil. Die tiefe Wunde am Arm.

Doch, es passt alles.

Sigrid erhob sich und löste das Messer aus den Fingern des jungen Mannes. Dann schob sie den Tisch schräg und kippte einen Stuhl um. Schließlich kniete sie sich in die Blutlache neben Olaf.

Ja, so hatte sie ihn gefunden und gehofft, dass er noch lebte, als sich dieser Wahnsinnige auf sie gestürzt hatte und sie um ihr Leben kämpfen musste.

Sie nahm das Messer und torkelte, aus Leibeskräften schreiend, hinaus in den Garten.

Ein halbverrosteter Krankenwagen stand vor dem Haus neben einer dunklen Limousine. Das Licht auf dem Dach eines Milizautos warf blaue Blitze an die weiße Fassade. Lilly stand an der Einfahrt neben dem Tor.

Zu spät!

Natürlich, sie war immer zu spät gekommen.

Fast lautlos glitt ein schwarzes Auto an ihr vorbei und parkte als letztes hinter der kleinen Karawane. Lilly starrte hilflos und wütend auf das weiße Kreuz auf der Heckscheibe.

Sie hat es wieder getan. Lilly konnte das Blut förmlich riechen.

Ein junger Mann in Milizuniform kam aus dem Haus und stellte sich abseits unter einen Baum. Ein Feuerzeug flammte auf, und er stieß eine große Rauchwolke in den Nachthimmel. Dann entdeckte er sie.

Lilly zuckte zusammen. Der Bär hatte sie vor einer knappen Stunde gewarnt.

Der Bär, Werner, der längst keine Stimme mehr hatte.

Und obwohl Lilly wusste, wie gefährlich es war, hatte sie sich aus dem Schlafsaal der Näherinnen geschlichen. Sie war durch die Nacht gerannt und hier gelandet, als hätten ihre Beine gewusst, wohin sie sie tragen mussten.

Der junge Beamte kam in ihre Richtung geschlendert.

Sie wusste, wenn sie jetzt davonlief, würde er auf sie schießen. Wenn sie stehen blieb, würde er Fragen stellen. Wissen wollen, was sie hier mitten in der Nacht machte, ihren Ausweis sehen wollen, den sie im Schlafsaal gelassen hatte.

Dass man sie entdecken würde, davor hatte der Bär sie nicht gewarnt. Wie hatte sie nur so dumm sein können? Wie nur glauben können, sie könnte ein Leben retten? Sich ihrer Cousine in den Weg stellen?

„Bitte folgen Sie mir ins Licht“, sagte der Mann und winkte sie zu sich.

Angst erfasste sie wie eine eisige Welle, aber sie gehorchte und ging neben ihm her zum Haus.

Die Türen des Krankenwagens standen weit offen. Sigrid lag in einen Bademantel gehüllt auf der Trage. Ein Auge war blau und zugeschwollen, und für den

Bruchteil einer Sekunde lächelte sie, bevor sich ihr Gesicht verzerrte.

„Das ist sie!“ Kreischend deutete sie mit dem Zeigefinger auf Lilly. „Das ist die Komplizin des Rebellen! Nehmt sie fest!“

Im Wartezimmer des Todes

Rosie lag auf ihrer Pritsche und beobachtete die junge Frau, mit der sie die Zelle teilte. Sie saß auf dem Boden, den Kopf an die schmutzige Wand gelehnt. Im fahlen Zwielicht wirkte ihr Gesicht noch blasser. Sie hielt die Augen geschlossen, und wenn Rosie es nicht besser gewusst hätte, hätte man dieses Mädchen für tot halten können.

Und das war sie eigentlich auch. Rosie wusste, dass Anja nicht mehr lange leben würde. Anja gehörte zu einer kleinen Gruppe von Rebellen, die man erwischt hatte, als sie ein paar Fahrzeuge der Miliz in Brand gesetzt hatten. Und Anja lebte nur noch, weil man noch nicht ganz davon überzeugt war, dass man alle Informationen und Geheimnisse aus ihr herausgeprügelt hatte.

Rosie konnte nichts für sie tun. Gar nichts. Sie hatte immer wieder versucht, Anja in den Arm zu nehmen, wenn sie halbtot zurück in die Zelle gebracht wurde. Sich vor sie zu stellen, wenn dieses Schwein mit den Wieselaugen nachts die Tür aufschloss und Anja wortlos mitnahm.

Aber Anja wollte keinen Trost. Sie wollte keine Schwäche zeigen, selbst ihr gegenüber nicht. Rosie ahnte, dass es dann kein Zurück mehr geben würde. Dann würde Anja zusammenbrechen.

Manchmal, wenn sie wieder allein in der Zelle hockte und versuchte, nicht daran zu denken, was man Anja antat, schlug Rosie mit den Fäusten an die Wände. In verbittertem, stummem Zorn, bis der Putz bröckelte und unter ihren Fußsohlen zerfiel wie ein Sinnbild ihres Lebens.

Zuerst hatten sie ihre Töchter geholt. Es wurden Arbeitskräfte gebraucht. Dann hatte man Rosie den Hof weggenommen, sie einfach enteignet, so wie alle anderen. Alles gehörte jetzt dem Staat. Dem General, der versprach, für sein Volk zu sorgen.

Und Rosie war machtlos, konnte sich nicht wehren. Als sie durch die Stadt geirrt war auf der Suche nach ihren Töchtern – obwohl sie wusste, dass es hoffnungslos war – hatte sie manchmal daran gedacht, wie ihr Leben hätte verlaufen sollen.

Wie es gewesen wäre, wenn ihr Mann den Krieg überlebt hätte, wenn nicht plötzlich die meisten Frauen unfruchtbar geworden wären und der General nicht so allmächtig.

Dann wäre sie jetzt vielleicht schon mehrfache Großmutter, würde ihren Enkelkindern alles beibringen, was wichtig war im Leben, und sich auf ein geruhsames Alter freuen.

Stattdessen führte sie das Leben einer Obdachlosen und saß jetzt in dieser Zelle. Früher war das ein Internat gewesen, jetzt hatte sich die Miliz in den Räumen eingenistet.

Man hatte Rosie geschnappt, als sie sich wieder einmal in das Amt für Personenregistrierung eingeschlichen hatte. Sie konnte nicht aufhören, nach einem Hinweis zum Verbleib ihrer Töchter zu suchen.

„Ich habe nur was zu essen gesucht, ihr Idioten! Ich habe Hunger, verdammt noch mal!“, hatte sie gekreischt, als man sie erwischt hatte.

„Zwischen den Aktenordnern? Glaubst du, da verstecken wir belegte Brote?“

Natürlich hatten sie ihr nicht geglaubt und sie verhaftet. Aber Rosie besaß das, was man früher Bauernschläue nannte. Sie redete wie ein Wasserfall wirres Zeug und flirtete keck mit dem Beamten, der sie verhören wollte.

„Na, mein Hübscher? Wie wäre es denn mit uns beiden? So eine gestandene Frau wie ich kann dir noch etwas beibringen, glaub mir!"

Der Mann hatte entsetzt die Augen aufgerissen und sie in die Zelle zurückbringen lassen. Und nun schien es, dass niemand so recht wusste, was man mit ihr anfangen sollte.

Wenn sie Glück hatte, ließ man sie einfach wieder laufen. Aber falls Gott sich nun doch endgültig von dieser Welt abgewandt hatte, würde man sie unten im Hof an die Wand stellen. Vielleicht neben Anja. Aber dann würde sie ihre Hand halten, ganz fest mit ihren Fingern umschlingen und mit ihr auf das Ende warten. Das hatte Rosie sich geschworen.

Rosie zuckte zusammen, als die Tür aufgerissen wurde.

Oh nein! Nicht schon wieder!

Aber sie wollten nichts von Anja oder ihr. Eine junge Frau wurde in die Zelle geschubst, und dann flog die Tür hinter ihr wieder zu.

Die Frau stand einen Moment wie betäubt da, dann wanderte ihr Blick durch den Raum.

Ihre auffallend blauen Augen schienen regelrecht zu leuchten. Mit zitternden Fingern schob sie eine Strähne ihrer langen, blonden Haare aus dem Gesicht. Sie trug die Kleidung einer Arbeiterin. Graue Hosen und einen grob gestrickten, grauen Pullover, der ihr viel zu groß war. Rosie hatte das Gefühl, sie schon einmal gesehen zu haben.

„Du bist sehr hübsch, und das ist hier drin nicht gut für dich“, murmelte Anja. Sie hatte endlich die Augen geöffnet. „Willkommen in der Hölle.“

Rosie wusste, dass Anja an das Wiesel dachte.

„Ich bin Rosie“, sagte sie und rutschte von ihrer Pritsche.

„Lilly.“ Rosie ergriff die Hand, die Lilly ihr entgegenstreckte, und schüttelte sie.

„Und das da unten“, Rosie deutete auf Anja, die sich immer noch nicht rührte. „Das ist Anja.“

„Hallo, Anja.“

Anja schloss die Augen wieder.

„Mach dir nichts draus“, sagte Rosie. „Sie meint es nicht böse. Es ist nur … also, du musst wissen …“ Rosie schossen die Tränen in die Augen. Darüber zu sprechen, was hier vorging, ging über ihre Kräfte.

Lilly taumelte.

„Langsam, langsam, junge Frau.“ Rosie packte sie um die Hüften und führte sie zu einer Pritsche. „Hier, leg dich hin. Du kannst mein Bett haben, wir wechseln uns alle drei ab. Stimmt's, Anja?“

Anja zeigte keine Reaktion. Es gab nur zwei Pritschen im Raum, aber es kam nur sehr selten vor, dass Anja sich hinlegte. Meistens saß sie in der Ecke an der Wand wie ein Tier, das man in die Enge getrieben hatte.

Seit Lilly die Zelle betreten hatte, wirbelten Bilder durch ihren Kopf. Die Qualen und Ängste, die Hoffnungslosigkeit und die Toten hatten Spuren hinterlassen wie giftiger Schimmel. Lilly versuchte, sich gegen den Ansturm zu verschließen. Die verstörenden Visionen zu verdrängen. Ruhig zu bleiben, damit sie sehen konnte. Ja sie wollte sehen. Musste sehen. Um einen Weg zu finden zurück in die Freiheit.

Denn es gab etwas, das nun wichtiger war als alles andere.

Sigrid wanderte durch die Räume des Hauses, das nun ihr allein gehörte. Ihr linkes Auge tränte noch immer von dem Schlag, den ihr Eddie verpasst hatte. Aber das würde sich legen und war ein geringer Preis dafür, dass sie nun endlich frei war, dass sie tun und lassen konnte, was immer sie wollte.

Jetzt würde sie sich um ihre Zukunft kümmern und sich einen Platz ganz oben sichern im Umfeld des Generals. Es waren schlechte Zeiten für die, denen das nicht gelang. Elric Braun, der General. Sigrid hatte ihn beim ersten Treffen während eines Essens in einem handverlesenen Kreis genauestens studiert. Mit aller Kraft hatte sie versucht, in seinen Kopf einzudringen, seine Gedanken zu lesen, um ihn zu manipulieren.

Aber da gab es nichts. Es schien, als hätte dieser Mann keinerlei Gefühle. Er agierte wie eine Maschine. Für ihn gab es nur den Kampf um die Herrschaft. Und mit aller Gewalt und absoluter Gnadenlosigkeit verfolgte er seine Ziele. Er sah nichts Schlechtes darin, über die wenigen Neugeborenen zu verfügen. Die Jungen wurden bei Familien untergebracht, die dem General treu ergeben waren und die Kinder nach seinen Idealen großzogen. Was mit den Müttern und den weiblichen Babys geschah, wusste niemand so genau. Es hieß, sie lebten an einem sicheren Ort.

Man munkelte, dass sich Elric Braun immer wieder einmal eines der fruchtbaren Mädchen bringen ließ. Aber noch keines war von ihm schwanger geworden. Er hatte keine leiblichen Nachkommen.

Außer seinem Neffen Lars hatte der General niemanden, der ihm nahestand. Eines Tages würde dieser sein Nachfolger werden. Und wenn alles so verlief, wie Sigrid es plante, dann ...

Das Läuten der Türglocke riss sie aus ihren Gedanken, und Sigrid lächelte zufrieden. Lars Braun. Er war überpünktlich.

Sie hatte sich zurechtgemacht. Nicht übertrieben, schließlich war sie eine trauernde Witwe. Und die Schwellung im Gesicht verlieh ihrer außergewöhnlichen Schönheit eine tragische Note.

„Lars, wie schön! Bitte komm herein."

Es würde ihr nicht schwerfallen, mit ihm ins Bett zu gehen. Er sah gut aus, war so viel jünger, als Olaf gewesen war.

„Wie geht es dir?", fragte er besorgt.

Zwei Tage waren seit dem Mord vergangen.

Sigrid schlang sich die Arme um den Körper, als würde sie frösteln. „Gut, es geht mir den Umständen entsprechend gut. Die Schmerzen sind auszuhalten, aber … es war so ein entsetzlicher Schock!"

Lars legte ihr mitfühlend die Hände auf die Schultern. „Ich weiß, ich weiß", murmelte er. „Aber glaub mir, mein Onkel wird für Gerechtigkeit sorgen. Erbarmungslos. Dieser Rebell ist tot, doch seine Komplizin wird für diese Tat büßen. Sie wird dafür bezahlen, was man dir angetan hat!"

Sigrid zweifelte keine Sekunde daran. „Bitte nimm mich in den Arm, halt mich einfach fest“, flüsterte sie und blickte in scheinbarer Hilflosigkeit zu ihm auf.

Er kam ihrer Bitte nach, und Sigrid drängte sich an ihn, als hätte sie keine Kraft mehr. Sie konnte seine Reaktion auf ihren Körper spüren, der unter dem dünnen Seidenmorgenmantel nackt war.

Sein Blick ruhte auf ihrem Scheitel, und er streichelte ihre Haare.

Sigrid presste die Wange an seine Brust und lächelte. Es würde nicht mehr lange dauern, dann würde er die Beherrschung verlieren.

„Mein Onkel lässt dir sein Beileid ausrichten und die besten Wünsche für deine Genesung.“

„Oh … danke“, stammelte sie.

„Und da ist noch etwas, was ich dir sagen muss.“ Seine Stimme klang bedrückt. „Jetzt, da Olaf tot ist, geht die Fabrik natürlich an den Staat über. Das muss sein, das verstehst du sicher. Alleine könntest du den Betrieb ja auch gar nicht weiterführen.“

Verflucht, natürlich könnte ich das! Sigrid musste sich auf die Zunge beißen, um nicht laut zu schreien. Um nicht mit den Fäusten auf seine Brust zu schlagen.

Dreckskerle! Schon wieder bestimmten Männer über sie und ihr Leben. Sie fürchtete, vor Wut den Verstand zu verlieren.

„Ich werde mich aber darum kümmern, dass du noch eine Zeit lang in diesem Haus wohnen kannst. Mach dir bitte keine Sorgen.“ Es sollte ein Trost sein.

Sigrid wurde von einem solchen Zorn erfasst, dass sie laut aufschluchzte. Lars verstand das völlig falsch. Zärtlich fasste er ihr Kinn, und sie hob den Kopf.

Schnell hatte sie sich wieder in der Gewalt. Denn es gab jetzt nur noch eines, was sie tun konnte.

Ihn in ihr Bett locken. Den Neffen des Generals zu ihrem Diener machen.

Es war die dritte Nacht, die Lilly nun in der Zelle verbringen musste. Sie verspürte einen nagenden Hunger, und ihr Mund war ausgetrocknet.

Niemand war gekommen, um sie zum Verhör zu bringen.

Vielleicht ist das verdammte Wiesel krank oder versetzt worden, hatte Rosie voller Hoffnung laut sinniert.

Drei endlos lange Tage, in denen sich die Tür nur zweimal öffnete, um den Eimer auszutauschen, in den sie ihre Notdurft verrichten mussten.

Zweimal ein paar trockene Scheiben Brot und einen Krug Wasser. Rosie verteilte alles gerecht unter ihnen, aber die letzte Ration schien ewig her.

Lilly mochte Rosie sehr. Sie hatte die ausgemergelte alte Frau zuerst gar nicht erkannt. Rosie war es gewesen, die sich plötzlich auf die Stirn schlug.

„Meine Güte, ja! Erinnerst du dich nicht? Ich bin die Bäuerin vom Ebner Hof, und dein Freund, der kleine Wolf, hat oft bei uns ausgeholfen. Was wohl aus ihm geworden ist?“

Lilly konnte es kaum fassen, und sie setzten sich nebeneinander auf eine Pritsche und redeten über die Dinge, die seit jener Zeit geschehen waren. Darüber zu sprechen fühlte sich an, wie dem Zerfall der Welt noch einmal in die Tiefen der Finsternis zu folgen.

Anja hockte in ihrer Ecke und lauschte ihnen mit geschlossenen Augen.

„Deine Mutter war ja so eine Art Hellseherin, und später munkelte man, du könntest das auch."

Lilly wusste nicht, was sie darauf erwidern sollte. Längst hatte sie gesehen, dass die Zeit für Anja abgelaufen war, dass der Tod schon auf sie wartete. Und dass nichts etwas daran ändern würde. Doch warum es aussprechen?

Als hätte sie ihre Gedanken gelesen, hob Anja den Kopf. „Kannst du sehen, ob sie mich umbringen?"

Lilly schüttelte heftig den Kopf. „Nein, Unsinn, natürlich nicht. Und du darfst die Hoffnung niemals verlieren!"

Hoffnung war das Einzige, was sie noch hatten. Lilly klammerte sich an den Gedanken, dass das, was sie sah und spürte, nur eine von vielen Möglichkeiten war, die in der Zukunft lagen. Dass nichts endgültig war. Das Unheil noch verhindert werden konnte.

„Du kannst nichts verhindern", sagte Kathie.

Sie saßen nebeneinander am Flussufer. Der Vollmond spiegelte sich auf der Wasseroberfläche, und die Schilfhalme bogen sich flüsternd im Wind.

„Es schmerzt immer noch", sagte Lilly und legte den Arm um die schmalen Schultern ihrer Freundin. Kathie, die für alle Zeiten ein kleines Schulmädchen bleiben würde.

„Du musst dich in Acht nehmen, er kommt zurück."

„Wen meinst du? Wer kommt zurück?"

Kathie sprang auf und zeigte in den Nachthimmel, in dem sich schwarze Wolken zusammenballten.

„*Er*! Er kommt zurück und wird dir wehtun!"

Eine riesige Hand schälte sich aus den Wolkenmassen und griff nach ihnen.

Kathie schrie, als die Finger sich um sie schlossen und sie hochhoben wie ein Püppchen.

„Nein!", brüllte Lilly. Sie konnte sich nicht rühren und musste hilflos zusehen, wie Kathie im Fluss ertränkt wurde.

„NEIN! LASS SIE LOS! KATHIE! KATHIE!"

Jemand schlug ihr hart ins Gesicht, und Lilly riss die Augen auf.

Rosie blickte entsetzt auf sie herab. „Entschuldige, aber anders konnte ich dich nicht wachkriegen. Das muss ein schlimmer Traum gewesen sein, meine Güte. Du warst völlig weggetreten und hast geschrien wie am Spieß."

Lilly setzte sich verstört auf.

„Wer ist Kathie?", fragte Anja.

„Sie ist tot", flüsterte Lilly.

Sie stellten keine weiteren Fragen.

Lilly legte sich wieder hin. Ihr Herz klopfte immer noch heftig. Sie wusste jetzt, wer Anja folterte. Wer das Wiesel war, von dem Rosie redete.

Und sie wusste, dass er auch sie holen würde.

Sebastian schlenderte am Tor der Kleiderfabrik vorbei, wie jedes Mal, wenn sich eine Gelegenheit bot, sich von seiner Truppe zu entfernen. Lilly war nicht zu ihrer Verabredung erschienen. Seit vier Tagen gab es kein Zeichen von ihr.

Sebastian versuchte, die Panik niederzukämpfen, in die er verfiel, wenn er sich überlegte, was ihr zugestoßen sein könnte.

Es gab so viele Möglichkeiten, weshalb sie nicht mehr kam. Und keine einzige bedeutete etwas Gutes. Die harmloseste Variante wäre, dass man sie erwischt hatte, als sie sich davonschleichen wollte. Das bedeutete Hausarrest und zusätzliche Schichten.

Aber genauso gut könnte …

Weiter wollte er nicht denken, und die Ungewissheit brachte ihn fast um den Verstand.

Er hatte keine Berechtigung, einfach in die Fabrik zu spazieren und nach Lilly zu fragen. Seine einzige Hoffnung war, mit einer der Näherinnen sprechen zu können, alleine und möglichst beiläufig, damit niemand neugierig wurde.

Eigentlich müsste er auch schon wieder zurück. Er zögerte.

Die Tür, die in dem Eisentor eingelassen war, öffnete sich quietschend, und Sebastian hielt den Atem an.

Eine Frau mittleren Alters in der Kleidung, wie Lilly sie trug, erschien mit einem Paket unter dem Arm und wollte sich zielstrebig entfernen.

„Hallo, bitte entschuldigen Sie, aber könnten Sie kurz warten?“, sagte Sebastian und versperrte ihr den Weg.

„Ja?“ Veronika blieb stehen und hob misstrauisch die Augenbrauen. Sie war es nicht gewohnt, von Männern angesprochen zu werden. Und Männer in Uniform versprachen nichts Gutes in diesen Zeiten. Selbst wenn man so unschuldig und rein war wie frisch gefallener Schnee.

„Ich …“ Sebastian räusperte sich. „Ich bin auf der Suche nach einer Kollegin von Ihnen.“ Er hatte sich seine Worte sorgfältig zurechtgelegt, aber jetzt fiel er mit der Tür ins Haus. „Lilly, sie heißt Lilly Winter. Geht es ihr gut? Arbeitet sie noch hier?“

Veronika war verblüfft, aber dann begriff sie.

Ich wusste doch, dass sie sich verliebt hat. Und das ist anscheinend der Auserwählte.

Veronika konnte gut verstehen, dass Lilly sich in diesen Kerl verguckt hatte. Der junge Mann sah sehr gut aus mit diesen grauen Strähnen in seinen Haaren. Apart und irgendwie geheimnisvoll.

Er sah sie voller Hoffnung an, und Veronika sank das Herz. Das würde ihm jetzt nicht gefallen.

„Ja, ich kenne Lilly“, sagte sie, während sie überlegte, wie sie ihm den Rest beibringen sollte.

„Und? Wo ist sie? Wie geht es ihr?“

Veronika trat unruhig von einem Bein auf das andere. „Es tut mir wirklich leid, Ihnen das sagen zu müssen, aber Lilly ist verhaftet worden.“

„Verhaftet? Aber nein, das muss ein Irrtum sein! Weshalb sollte man …“

„Sie soll die Komplizin eines Rebellen sein und geholfen haben, den Besitzer der Fabrik zu ermorden.“

In Sebastians Kopf drehte sich alles. „Das ist vollkommener Unsinn!“, stammelte er fassungslos. Er hatte von dem Mord gehört und sich noch gedacht, dass Sigrid wohl nicht lange trauern würde. Aber wieso sollte man denn Lilly verdächtigen?

Sein Herzschlag setzte einen Moment aus, als er begriff.

Er wusste nicht, wie das hatte geschehen können, aber er war davon überzeugt, dass hinter dieser

Teufelei Sigrid steckte. Seit ihrer Kindheit hatte sie ihre Cousine gehasst, und er war ja selbst einige Male Opfer ihrer bösen Intrigen geworden.

Wortlos rannte er davon.

Sebastian ballte die Fäuste, um nicht vor Verzweiflung laut zu schreien. Sein Gesicht war verzerrt und kalkweiß, und die Leute warfen ihm irritierte Blicke zu, als er an ihnen vorbeistürmte.

Ich muss sie aus dem Gefängnis holen! Ich muss einen Weg finden!

Er wusste, was dort ablief. Es war die reine Willkür. Schon lange gab es keine Anwälte und Richter mehr, die sich um Recht und Gerechtigkeit scherten. Wer im Verdacht stand, gegen die Gesetze des Generals verstoßen zu haben, wurde der Rebellion beschuldigt.

Und darauf stand der Tod.

Sebastian wusste, dass es Wahnsinn war, aber er würde heute Nacht in das Gefängnis eindringen. Und das würde er nicht alleine tun. Ein paar Männer mussten ihm zur Seite stehen. Das waren sie ihm schuldig.

„Mitkommen!“

Der Wachmann deutete mit dem Zeigefinger auf Lilly.

Rosie dachte, ihr Herz würde brechen, als Lilly mit hocherhobenem Kopf durch die Tür ging.

Gott steh ihr bei!

Anja rappelte sich vom Boden auf und legte sich auf eine Pritsche. Sie wusste, jetzt konnte sie ein paar Stunden schlafen. Ohne Angst.

Sebastian erreichte den Hof der Kaserne und blieb wie vom Blitz getroffen stehen. Ein Dutzend seiner Kameraden stand neben einer Gruppe Milizsoldaten vor einem Lastwagen stramm. Alle in Kampfanzügen und schwer bewaffnet.

„Verflucht noch mal! Wolf! Wo zum Teufel hast du dich herumgetrieben?“, brüllte ihn der Kommandant an.

Sebastian kam nicht dazu, den Mund aufzumachen.

„Aufsitzen! Du auch!“

Es blieb ihm nichts übrig, als hinter den Männern auf den Lastwagen zu klettern. Wenn er den Befehl verweigerte konnte er sich auch gleich selbst erschießen.

Er quetschte sich zwischen die Männer auf die Bank, und im nächsten Moment rollte der Laster vom Hof.

„Was ist los?“, fragte Sebastian. „Wo fahren wir hin?“

Er hatte Mühe, ruhig zu sprechen. Er konnte nur an die Hölle denken, in der sich Lilly befand.

Hector Degner, ein Leutnant der Miliz, grinste ihn an. „Das, mein Junge, werdet ihr noch früh genug erfahren. Aber so viel kann ich dir schon verraten. Diesmal wird nichts nach außen dringen, diesmal werden wir das verdammte Rebellenpack überrumpeln und ein ganzes Nest ausheben.“

Der Ausdruck in seinen Augen sagte alles. Immer wieder war der Verdacht im Raum gestanden, dass die Rebellen gewarnt worden waren. Dass es in den eigenen Reihen einen Spitzel gab, der mit ihnen gemeinsame Sache machte. Aber jetzt schien außer dem Leutnant und dem Fahrer niemand zu wissen, wohin es ging.

Sebastians Kehle schnürte sich zu.

Der Bezirksleiter streifte sich gedankenverloren die Handschuhe über.

Es musste sein. Man konnte nie wissen, in welchem Zustand ihm die Gefangenen vorgeführt wurden. Dass sie unangenehm rochen, weil sie sich nicht waschen konnten, daran hatte er sich gewöhnt. Allerdings schenkte er von Zeit zu Zeit einer der Frauen – wenn sie hübsch genug war – das Privileg einer Dusche.

Vorausgesetzt, es gab nicht schon Anzeichen einer Krankheit. Es war kaum zu glauben, womit die Leute kontaminiert waren, mal abgesehen von Ungeziefer. Sehr unappetitlich.

Auf seinem Schreibtisch lag ein dünner Hefter. Er hätte ihn zur Hand nehmen und nachlesen können, welches Verbrechen die Delinquentin begangen hatte.

Aber das hatte Zeit, zuerst wollte er sich ein eigenes Bild machen, bevor er das Urteil fällte. Meistens die Todesstrafe. Er stellte sich ans Fenster und sah hinaus.

Hinter ihm öffnete sich die Tür.

„Rein da und auf den Stuhl setzen!“

Er hörte Schritte, dann schloss sich die Tür, und es herrschte Stille.

Wenigstens eine, die nicht gleich losplapperte oder schrie.

„Wie ist Ihr Name?“, fragte er, ohne sich umzudrehen.

„Lilly Winter.“

Seltsam. Eine vage Erinnerung.

„Und wessen beschuldigt man Sie?“

„Ich soll die Komplizin eines Rebellen sein und an einem Mord beteiligt.“

Wirklich seltsam. Wie ruhig diese Stimme klang. Und wie jung.

„Und, sind Sie schuldig?“

„Nein, Herr Peintner, das bin ich nicht.“

Ein verschwommenes Bild drängte sich in seinen Kopf, und er drehte sich um.

Aufrecht auf dem Stuhl saß eine junge Frau mit langen blonden Haaren, die sie im Nacken mit einem Stück Schnur zusammengebunden hatte. Aber alles, was er sah, waren die leuchtend blauen Augen, mit denen sie ihn förmlich durchbohrte, in seinem Inneren blätterte wie in einem Buch.

Oh ja, das konnte sie!

„Hallo, Lilly, so sehen wir uns also wieder.“

Er konnte sich nicht erinnern, wann er das letzte Mal so gelächelt hatte. So erfüllt gewesen war von Freude. Denn jetzt war seine Zeit gekommen.

Er konnte mir ihr machen, was er wollte. Sie war ihm ausgeliefert.

Er würde jede Sekunde auskosten. Sie würde jetzt für die Scherereien bezahlen, die sie ihm als rotznäsige Göre damals eingebrockt hatte. Man hatte ihm nichts beweisen können, aber ihn trotzdem mit Schimpf und Schande aus dem Dorf gejagt. Dieses dämliche

Bauernpack! Und danach war es schwierig für ihn gewesen, irgendwo wieder Fuß zu fassen. Aber durch die Regentschaft des Generals waren bald andere Zeiten angebrochen, und er hatte einen Posten ergattert, der ihm entsprach. Ja, man konnte sogar sagen, Vergnügen bereitete.

„Ich sehe schon, du willst nicht mit mir reden, dich nicht verteidigen.“ Er lachte, und seine Augen blitzten hinter der Brille. „Ja, du bist ein kluges Mädchen. Warst du ja schon immer. Du weißt ganz genau, dass jedes Wort nur verschwendet wäre. Kannst du es sehen, was mit dir passieren wird?“

Er beugte sich dicht zu ihr, und Lilly blickte ihm ohne Angst ins Gesicht. Sie wusste, was er vorhatte. Äußerlich hatte er sich kaum verändert, nur, dass er jetzt anstelle eines Anzugs eine Uniform trug. Aus dem Lehrer von damals, Kathies Mörder, war nun ein Scharfrichter geworden, der über uneingeschränkte Macht verfügte.

Irritiert machte er einen Schritt zurück und setzte sich auf die Schreibtischkante.

Wieso bleibt sie so ruhig? Haben ihre Zellengenossinnen ihr nicht erzählt, was ihr blüht? Aber mal sehen, wie lange sie die Fassung behält.

Er nahm den Hefter und überflog die Zeilen. Dabei spielte es keine Rolle.

„Tja, das bedeutet die Todesstrafe“, sagte er in gespieltem Bedauern.

Lilly schwieg und regte sich nicht.

„Aber weißt du, es muss gar nicht sein, dass du schon morgen früh da unten an der Wand stehst. Es wäre schade um dich. Ja, wirklich. Und ich könnte das verhindern, wenigstens für eine Weile.“

Er wollte ihr über den Kopf streichen, doch Lilly drehte sich weg.

„Sei ein braves Mädchen, du weißt, ich liebe brave Mädchen."

Lilly spuckte ihm vor die Füße.

Er schlug sie so hart ins Gesicht, dass sie seitwärts vom Stuhl kippte und auf dem Boden landete.

„Du verfluchtes Miststück. Ich werde jetzt mit dir spielen, und du wirst dich benehmen und stillhalten. Wenn nicht, können wir uns die Kugel für dich sparen!"

Er hob den Fuß und wollte sie in den Bauch treten, aber Lilly rollte sich blitzschnell zur Seite, sprang auf und flüchtete sich hinter den Schreibtisch.

Er hatte gegen die Wand getreten, und wenn er nicht seine Stiefel getragen hätte, hätte er sich wahrscheinlich die Zehen gebrochen. Brüllend vor Wut jagte er sie um den Schreibtisch.

Der Wachmann vor der Tür rührte sich nicht. Er war an den Lärm gewöhnt. Immer, wenn eine hübsche Frau in diesem Verhörzimmer landete, wurde es laut. Meistens schrien sie, aber bis jetzt war nur der Bezirksleiter zu hören. Doch das würde sich wohl bald ändern.

In einem Bruchteil der Sekunde, in dem sie erkannt hatte, dass er sie in den Bauch treten wollte, war in Lilly ein Damm gebrochen. Die Mauern, die sie zu ihrem Schutz errichtet hatte, stürzten ein. Ein überwältigendes Gefühl von Wut und Hass schien ihr ganzes Wesen wie ein Feuer zu verschlingen.

Lilly hatte noch nie in ihrem Leben wissentlich einem Menschen Leid zugefügt, hatte sich stets ihrem Schicksal gebeugt wie ein Lamm. Aber das reichte nun nicht mehr. Die Welt war zu einem Albtraum geworden, und um zu überleben, musste man das Böse mit Bösem bekämpfen.

Er erwischte sie nicht, machte sich selbst zum Affen, während er wie ein Irrer um den Schreibtisch hinter ihr herjagte.

Schluss damit!

„Ich bring dich gleich hier und jetzt um!“, brüllte er und nestelte am Verschluss seines Pistolenhalfters.

„Nein“, sagte Lilly völlig ruhig. „Das werden Sie nicht tun.“

Irritiert hob er den Kopf.

Lilly hielt eine Schere in der Hand, und bevor er sich noch darüber aufregen konnte, dass er so ein Idiot gewesen war und sie auf dem Tisch liegen gelassen hatte, sprang sie auf ihn zu, und seine Kehle füllte sich mit Blut.

„Das ist für Kathie und all die anderen, die du gequält und umgebracht hast.“

Ihre geflüsterten Worte hallten in seinem Kopf, als er starb.

Es war zu ruhig. Der Wachmann trat nervös von einem Bein aufs andere. Eigentlich durfte er das Büro nicht betreten, bevor er gerufen wurde. Aber es war einfach viel zu still da drinnen!

Er fasste sich ein Herz, öffnete vorsichtig die Tür und schielte hinein.

„Verfluchte Scheiße!“

Vier Stunden schaukelten sie jetzt schon in dem Laster über die Landstraßen. Sebastian hatte die Orientierung verloren, aber er war sich ziemlich sicher, dass sie nach Norden fuhren.

Sie durften die Planen nicht hochheben.

„Hier wird nicht geraucht, die Plane bleibt unten!“, hatte der Leutnant gebrüllt, als einer der Soldaten sich eine Zigarette anzünden wollte. „Und wir halten auch nicht an. Wer es nicht mehr aushält, kann da hinten in den Eimer pissen!“

Sie wollten jede Möglichkeit ausschließen, dass ein Spitzel unter ihnen sie verraten konnte. Desertieren.

Sebastian wurde übel vor Verzweiflung. Mit jedem Kilometer, den sie zurücklegten, ging wertvolle Zeit verloren. Zeit, in der Lilly womöglich hingerichtet wurde.

Er konnte nichts tun. Gar nichts. Nur angespannt darauf warten, dass sie endlich ihr Ziel erreichten. Es würde ein kurzer Kampf werden. Dafür würde er sorgen.

Die Tür flog krachend auf, und Rosie und Anja zuckten zusammen. Lilly wurde so brutal in die Zelle gestoßen, dass sie stürzte und auf dem Bauch landete.

„Genieß deine letzten Stunden!“, brüllte der Wachmann, bevor er die Tür verriegelte.

Rosie kniete sich hin und half Lilly aufzustehen.

Sie schien nicht schwer verletzt zu sein. Rosie wunderte sich. „Was ist passiert? Was hat er mit dir gemacht?“

Lilly setzte sich auf die Pritsche. Sie sah verändert aus.

„Das Wiesel ist tot“, sagte sie.

„Tot?“ Anja richtete sich auf. Erst jetzt bemerkte sie das Blut an Lillys Pullover „Wieso? Hast etwa du ihn …?“

Lilly nickte wortlos. Es fühlte sich seltsam an. Sie hatte einen Menschen getötet. Sie sollte außer sich sein, sich elend fühlen, aber da war nichts. Es war, als hätte sie einen Weg beschritten, der ihr bestimmt gewesen war.

„Du kannst nichts verhindern.“ Das war Kathies Stimme in ihrem Kopf, und Lilly wusste, dass es so war. Sie musste auf ihrem Pfad weitergehen.

„Danke“, flüsterte Anja weinend und nahm sie in die Arme. „Danke! Danke! Und hoffentlich musste das Schwein leiden.“

Rosie sah auf die beiden herab. Tränen strömten über ihre Wangen, denn nun war auch Lillys Schicksal endgültig besiegelt. Vielleicht noch einen Tag. Vielleicht nur noch ein paar Stunden.

Lars ließ sich auf die Seite fallen, und Sigrid schmiegte sich in seine Armbeuge. Sie hätte laut schnurren können. Lars war ein wundervoller Liebhaber, und der Weg zu ihrem Ziel hatte sich als Vergnügen entpuppt.

„Es gibt Neuigkeiten von Lilly Winter. Sie hat noch einen Mord begangen. Ich kann gar nicht glauben, dass dieses Höllenweib deine Cousine ist.“

Sigrid schnappte nach Luft.

Die Rotznase hat jemanden umgebracht? Das fügsame, friedliche Lämmchen?

Wenn dem tatsächlich so war, weshalb hatte sie nichts gespürt oder gesehen? War ihre Verbindung zueinander völlig abgerissen?

„Wann ist das passiert? Und wen hat sie umgebracht?“ Sie hielt die Augen geschlossen, als kümmerte sie das nicht weiter.

„Heute früh, während des Verhörs. Sie hat den Bezirksleiter mit einer Schere erstochen. Hat treffsicher genau den richtigen Punkt an seinem Hals erwischt. Was für ein Trottel, lässt einfach eine Schere herumliegen. Dämlicher Hund. Ich hoffe, sein Nachfolger ist klüger.“

„Wird sie hingerichtet?“

„Ja, natürlich, was denkst du denn. Schon bald“, murmelte Lars, der langsam in den Schlaf glitt.

Sigrid schob seinen Arm zur Seite und schlüpfte aus dem Bett.

Völlig verstört ging sie leise ins Wohnzimmer und stellte sich vors Fenster. Sie schlang die Arme um ihren nackten Oberkörper, auf dem der Schweiß langsam erkaltete.

Sigrid versuchte, ihre Gedanken zu ordnen. Die Verbundenheit mit ihrer Cousine, die seit Lillys Geburt wie ein leises Rauschen in ihrem Blutkreislauf zirkulierte, war verschwunden. Lilly hütete irgendein Geheimnis und hatte es geschafft, sich völlig abzuschirmen.

Bald wird sie sterben.

Der Gedanke jagte ihr Angst ein. Dabei war es genau das, was sie immer gewollt hatte. Dass Lilly aus ihrem Leben verschwand. Schon seit ihrer Geburt hatte Sigrid sie gehasst, weil sie geglaubt hatte, dass Lilly ihr etwas wegnahm. Nahrung, Liebe, den Platz in der Familie als einziges Kind. Inzwischen wusste sie es besser. Lilly war eine Gefahr. Durch Lilly würde sie schon bald den Tod finden.

Es waren nur verschwommene Bilder, Fragmente in Träumen, aus denen sie schweißgebadet erwachte. Sigrid konnte sie nicht festhalten, wollte es nicht, denn den eigenen Tod zu sehen, würde sie um den Verstand bringen.

Lilly wird hingerichtet.

„*Wenn du ihr etwas antust, wirst du mit deinem Leben dafür büßen.*" Marens Stimme. Sigrid fröstelte.

Aber tue ich ihr etwas an? Nein. Genau wie damals die Schneeflocken ohne mein Zutun vom Himmel fielen, wird die Kugel nicht von mir abgefeuert. Der Gedanke beruhigte sie ein wenig.

Aber was ist es, was Lilly vor mir verbirgt? Hat es etwas mit meiner Zukunft zu tun?

Mit einem Mal hatte sie das Gefühl, als hinge ihr Leben von dieser Antwort ab. Sie musste Lilly noch ein letztes Mal sehen. Im Moment des Todes würde sie die Mauer durchdringen können.

Sigrid eilte zurück ins Schlafzimmer. Lars würde dafür sorgen, dass sie bei der Hinrichtung dabei sein konnte. Ihm standen alle Türen offen.

Nach einer langgezogenen Kurve drosselte der Fahrer das Tempo und ließ den Laster mit ausgeschaltetem Motor ausrollen.

Degner schaltete die trübe Lampe aus, die über ihren Köpfen geschaukelt hatte.

„Keinen Mucks jetzt!“, zischte er.

Sie hockten nebeneinander im Dunkeln und lauschten in die Stille.

Endlich hörten sie den Fahrer aussteigen, und dann wurde die Plane hochgeschoben. „Scheint alles okay zu sein“, flüsterte er.

Sebastian blinzelte ins Dämmerlicht. *Wo sind wir?*

Degners Gesicht schwebte wie eine blasse Scheibe über ihren Köpfen, als er flüsternd den Befehl gab: „Absitzen, aber leise! Keinen Ton will ich hören!“

Nacheinander kletterten sie von der Ladefläche. Sebastian sah sich um. Ein paar vertrocknete Wiesen, ein Wäldchen und eine Straße, die durchzogen war von Rissen und Schlaglöchern. Ein Gebiet, so tot wie all die Gefallenen. Es machte den Anschein, dass seit dem Krieg kein Mensch mehr hier gewesen war.

Degner übergab ihm ein Gewehr und einen Gürtel, an dem ein halbes Dutzend Handgranaten befestigt waren. Wortlos schnallte Sebastian ihn um.

Seine Gedanken überschlugen sich. *Wo sind wir? Was hat er vor? Ein ganzes Nest ausheben, hat er gesagt. Wie kann ich das verhindern? Und wie komme ich zurück? Ich muss zurück. Jetzt! Sofort!*

Er war dankbar für die Düsternis, die sie umfing, denn er hatte keine Gewalt mehr über seine Gesichtszüge.

„Herhören!“ Es war ein nur ein leises Zischen. „Da hinten, etwa dreihundert Meter entfernt, liegt die Schlangengrube. Und wir werden sie auslöschen. Es werden keine Gefangenen gemacht. Wir umzingeln sie in Zweiergruppen, so, wie wir es schon oft gemacht haben. Und du“, Degner deutete mit dem Zeigefinger auf Sebastian, „kommst mit mir. Und wenn ich sage wirf, dann wirfst du und triffst! Hast du das verstanden?“

Sebastian salutierte stumm. Sein Magen zog sich zusammen. Etwas stimmte hier nicht.

„Los jetzt!“

Fast lautlos setzten sie sich in Bewegung. Vor ihnen schälten sich die grauen Umrisse eines Fabrikgebäudes aus dem Dämmerlicht. Keine Lampe brannte hinter den Fenstern, die längst keine Scheiben mehr hatten.

„Mach dich bereit!“, flüsterte Degner und entsicherte sein Gewehr.

Alle anderen waren verschwunden, kreisten das Gebäude ein.

Sebastian nahm eine der Granaten aus dem Gürtel und packte mit bebender Hand den Ring.

Verzweifelt suchte er nach einem Ausweg. Er musste etwas tun, sonst würden hier gleich viele Menschen sterben. Menschen, die nichts anderes wollten als ein selbstbestimmtes Leben. Die nur eines Verbrechens schuldig waren. Dem Ungehorsam gegen die Diktatur des Generals. Und wie viele von ihnen, die jetzt da in der Falle saßen, kannten und vertrauten ihm?

Eine abgemagerte Katze mit struppigem Fell huschte wie ein Geist vor ihren Füßen vorbei.

Degner geriet ins Straucheln, und Sebastian nutzte diese Gelegenheit, die ihm anscheinend der Himmel geschickt hatte, und rannte seitwärts davon.

Hinter ein paar verrosteten Ölfässern, die im Hof standen, ging er in Deckung.

Jetzt konnte er etwas tun. Er würde die Menschen, die sich in dem Gebäude verkrochen hatten, warnen, bevor sie überrannt wurden.

Er löste den Sicherungsring, sprang auf und warf die Granate weit weg zurück auf die Straße, von der sie gekommen waren.

Dahin, wo niemand war.

Er duckte sich und wartete auf die Detonation.

Nichts. Nichts passierte.

Verflucht, ein Blindgänger!

Hastig griff er nach der nächsten und warf.

Wieder nichts.

Das kann nicht sein! Das kann doch einfach nicht sein!

Verzweifelt schleuderte er eine nach der anderen in die Nacht.

„Wusste ich es doch!“ Degner stand wie aus dem Nichts keine drei Meter von ihm entfernt. Das Gewehr im Anschlag.

Seine Augen funkelten hasserfüllt. „Du! Du bist die Ratte, die uns dauernd verraten hat. Ich hatte dich schon lange im Visier! Und jetzt, Wolf, bekommst du die Rechnung dafür, du verdammter Schweinehund!“

Sebastian versuchte gar nicht erst, nach seinem Gewehr zu greifen. Er hatte keine Chance, und er war sich sicher, dass sich darin keine Munition befand. Er war in eine Falle getappt.

„Wenn du mich jetzt umbringst, wird der Schuss euch verraten.“

Degner verzog verächtlich das Gesicht. „Weißt du was, Wolf? Das ist mir jetzt scheißegal! Und es spielt keine Rolle. Die anderen sind schon längst im Gebäude.“

Er grinste und krümmte den Finger um den Abzug: „Fahr zur Hölle, Wolf!"

Der Schuss donnerte laut durch die Stille. Sebastians Kopf flog zurück, aber er verspürte keinen Schmerz.

Im Fallen blickte er in Lillys Augen, bevor die Dunkelheit ihn umfing.

Rosie stand auf Zehenspitzen auf ihrer Pritsche, so konnte sie aus dem vergitterten Fenster schauen – hinunter auf den Hof, der von einer einzigen trüben Lampe beleuchtet wurde. Die Schatten an der Mauer sahen aus wie schwarze Flechten. Doch Rosie wusste, was das war. Blut. Und morgen würden Lilly und Anja da unten stehen. Rosie unterdrückte das Schluchzen, das in ihrer Kehle aufstieg. Sie versuchte, an ein Wunder zu glauben.

Zwei Tage waren seit dem Mord an dem Wiesel vergangen. Zwei Tage und zwei Nächte, in denen sie bei jedem Geräusch zusammengezuckt war und gedacht hatte, dass man die beiden holte.

Doch nichts war geschehen, aber gestern Nachmittag hatte der neue Bezirksleiter den Dienst angetreten. Er hatte kurz einen Blick in ihre Zelle geworfen und war wortlos wieder verschwunden.

Er wirkte völlig anders als das Wiesel. Viel zu jung und überfordert von dem, was hier von ihm verlangt wurde.

Er würde ganz sicher keine Gefangenen foltern, und sollte er bei der Hinrichtung in Ohnmacht fallen, wäre Rosie nicht überrascht.

Der Kerl ist ja noch ein Grünschnabel!

Aber Rosie machte sich keine Illusionen. Er trug die verhasste Uniform, also hatte er seine Seele dem Teufel verschrieben.

Rosie kletterte von der Pritsche und legte sich hin. Anja saß mit angezogenen Beinen in ihrer Ecke. Die Arme vor dem Kopf verschränkt, der auf ihren Knien ruhte. Rosie konnte nicht sehen, ob sie tatsächlich schlief.

Sie ist so entsetzlich abgemagert! Ihre Arme, dünn wie Haselzweige.

Alle hatten in diesen Zeiten kaum noch Fleisch auf den Rippen. Selbst Rosie, die auch während des Krieges kaum etwas von ihren Rundungen eingebüßt hatte, konnte nun jeden ihrer Knochen ertasten.

Lilly wälzte sich auf der Matratze und wimmerte.

Ob sie wohl von ihrem eigenen Tod träumt? Rosie stand auf und strich ihr behutsam über die Wange.

Lilly wollte der Straße nicht folgen, aber sie konnte nicht stehen bleiben, so sehr sie es auch versuchte. Es war dunkel, ein paar krumme Bäume wiegten sich im Wind und warfen vertrocknete Blätter ab, die unter ihren Füßen raschelten.

Die zerbrochenen Fenster eines Fabrikgebäudes starrten ihr wie leere Augen entgegen.

Über einer Brüstung hing kopfüber ein toter Rebell. An einem Gurt, der über seinem Nacken hing, baumelte sein Gewehr im Wind wie das Pendel einer Uhr.

Aber die Zeit war stehengeblieben.

„Ich will hier nicht sein", flüsterte Lilly entsetzt.

Vor ihr auf dem Hof lag ein Dutzend Leichen. Rebellen, Soldaten, zwei von ihnen ineinander verschlungen, als hätten sie sich im Augenblick des Todes umarmt.

„Bleib stehen, sieh nicht hin!", sagte Kathie und griff nach ihrer Hand.

Aber Lilly musste weitergehen, bis sie vor ihm stand.

Sebastian.

Er lag auf dem Rücken, in einer Hand hielt er immer noch eine Granate. Aus der Kopfwunde sickerte Blut und lief über die geschlossenen Augen.

Lillys Herz setzte aus. Sie konnte sich nicht mehr rühren.

„Ist er tot?"

Kathie blickte traurig zu ihr auf und drückte ihre Hand.

„Das ist noch nicht entschieden."

„Ihr zwei! Mitkommen!"

Einer der beiden Wärter deutete mit ausdruckslosem Gesicht auf Anja und Lilly.

Rosie ging mit geballten Fäusten auf ihn los. „Nein! Haut ab, ihr Schweine! Lasst sie in Ruhe! Ihr elenden …"

Der Schlag war so heftig, dass sie rückwärts durch die Zelle flog und in Anjas Ecke landete.

Lilly ergriff Anjas Hand, und gemeinsam folgten sie den Männern den Gang entlang und die Stufen hinunter.

Anjas Finger krampften sich um Lillys Hand, aber sie hielt den Blick starr geradeaus gerichtet.

Lillys Herz verwandelte sich vor Kummer in einen Stein. Man würde Anja hinrichten, und sie konnte es nicht verhindern. Konnte nur an ihrer Seite bleiben bis zum letzten Moment.

Dann erst würde sie gehen.

Lilly wusste, dass jemand kam. Sie würde überleben.

„Stell dich dahin, da kannst du alles sehen." Lars schob Sigrid durch eine Tür, die in den Hof führte.

Er konnte sehen, dass sie Angst hatte. Sigrid war die schönste Frau, der er je begegnet war, aber er machte sich nichts vor. Sie war ein berechnendes, kaltes Biest, dass ihn benutzte. Er war sich dessen bewusst, und trotzdem war er ihr verfallen. Wenn sie ihn berührte, mit diesem unergründlichen Blick festhielt, hatte er keine Wahl.

„Ich geh mal kurz nach oben, ich muss den neuen Bezirksleiter begrüßen."

Sigrid rührte sich nicht. Ihr Blick schweifte über den verlassenen Innenhof, die kahlen Mauern und den staubigen Zementboden. In ihrem Kopf hallten die Schreie und das Weinen derer, die hier den Tod gefunden hatten. Sigrid konnte sie förmlich riechen, die Angst und Verzweiflung in den letzten Sekunden. Es war zu viel. Sie rieb sich die Schläfen und versuchte, sich davor zu verschließen.

Erschrocken hob sie den Kopf. Noch bevor die schmale Seitentüre geöffnet wurde und Lilly Hand in

Hand mit einer abgemagerten jungen Frau in den Hof geschoben wurde, konnte sie es spüren. Ein Flimmern, das greifbar schien.

Lilly. Das war nicht mehr das Mädchen, das sie gekannt und verachtet hatte. Die Kraft und Entschlossenheit, die von ihr ausging, ließ Sigrid zurückweichen.

Was ist das? Was ist mit ihr geschehen?

Lilly drehte den Kopf und sah ihr direkt in die Augen.

Ein Kind! Sie ist schwanger!

Sigrid musste sich am Türrahmen festhalten. *Aber das ist ..., wie kann das sein? Sie war doch unfruchtbar, genau wie ich?*

Die beiden Wärter schubsten Lilly und Anja bis vor die Mauer.

„Kniet euch hin!"

Es dauerte nur den Bruchteil einer Sekunde, dann hatte Sigrid sich gefangen. Hatte einen Plan geschmiedet, der ungeheuerlich war und tödlich enden konnte.

Sie würde sich Lillys Kind nehmen. Sie würde erneut eine Schwangerschaft vortäuschen und diesmal Mutter werden. Lars würde ihr jeden Stein aus dem Weg räumen, jeden Wunsch erfüllen. Mit etwas Glück konnte es ihr gelingen. Und war das Glück nicht immer auf ihrer Seite gewesen?

„Wartet!", schrie sie und rannte zu den Wärtern, die sich ein paar Schritte zurückgezogen hatten, um ihre Gewehre in Anschlag zu bringen.

„Ihr dürft sie nicht erschießen! Sie ist schwanger!"

Die Männer sahen einander verdutzt an, dann zog ein breites Grinsen über das Gesicht des Älteren.

„Netter Versuch“, sagte er. „Aber wer zum Teufel sind Sie eigentlich, und was, verdammt noch mal, haben Sie hier zu suchen?“

Sein Kamerad stupste ihn in die Seite. „Hör auf. Das ist doch die Freundin von …“

„Das ist mir jetzt aber scheißegal, wessen Freundin das ist! Die hat hier nichts zu suchen!“ Er spuckte Sigrid vor die Füße. „Besser, du verschwindest hier, gnädige Frau von wem auch immer. Es könnte sonst leicht passieren, dass du dir auch eine Kugel einfängst.“

„Was ist hier los?“, brüllte Lars und kam in den Hof gestürmt.

Ihm folgte ein junger Mann, der in der Uniform des Bezirksleiters wirkte wie ein Kind, das sich verkleidet hatte.

„Was los ist? Die Frau hier behauptet …“

„Lars!“ Sigrid packte ihn am Arm. „Du musst mir zuhören und glauben! Lilly ist schwanger.“

„Was? Bist du sicher? Wieso … woher willst du denn das …“

„Das spielt jetzt doch keine Rolle. Die Hinrichtung muss verschoben werden! Bringt sie zur Untersuchung!“

Der Bezirksleiter sah zwischen den beiden hin und her und rang die Hände. Sollte sich herausstellen, dass man unter seinem Kommando eine schwangere Frau erschossen hatte … Er wollte sich die Konsequenzen gar nicht vorstellen.

„Sie hat wahrscheinlich recht, Herr Braun. Vielleicht sollten wir das wirklich tun. Aufschieben, untersuchen“, stammelte er.

Anja löste die schweißnassen Finger von Lillys Hand und sah sie mit weit aufgerissenen Augen an.

„Ist das wahr? Bist du wirklich schwanger?"

Lilly nickte. Sie hatte es gleich gespürt, als sie ihre Körper widerwillig voneinander gelöst hatten. Nach einer gestohlenen Stunde, die sie in einem leeren Zimmer im Krankenhaus verbracht hatten. Vor zehn Wochen war das unfassbare Wunder geschehen, doch sie hatte Sebastian nichts davon erzählt. Denn es hätte ihn noch mehr unter Druck gesetzt. Der Mann, der ihnen mit gefälschten Ausweisen und Passierscheinen zur Flucht verhelfen sollte, war spurlos verschwunden. Doch Sebastian hatte nicht aufgeben wollen und verzweifelt nach einem Ausweg gesucht. Wenn er von dem Kind erfahren hätte, wäre er leichtsinnig geworden, hätte überstürzt gehandelt und sein Leben riskiert.

Mit aller Macht verdrängte Lilly die schrecklichen Bilder aus ihrem Traum.

Es ist noch nicht entschieden!

„Dann musst du kämpfen!", flüsterte Anja und packte sie an der Schulter. „Kämpfen für dein Kind. Du darfst es nicht diesen Schweinen überlassen."

In ihren Augen funkelte ein abgrundtiefer Hass. Sie drückte Lilly einen Kuss auf die Wange, und dann sprang sie auf.

„MÖRDER! SCHWEINE! IHR VERDAMMTEN SCHWEINE!"

Sie torkelte, als sie schreiend losrannte, aber sie hielt sich auf den Beinen.

Der Schuss hallte ohrenbetäubend zwischen den Mauern, und Anja stürzte wie ein gefällter Baum zu Boden.

Die sonnige Zeit

Der Kleinbus hielt auf dem Dorfplatz, und die Frau, die sich ihnen als Schwester Karla vorgestellt hatte, half Lilly beim Aussteigen.

„Na los doch, raus jetzt!“, sagte der Bursche, der sie hergefahren hatte. Er trug keine Uniform. In seiner Arbeitshose und dem blauen Shirt hätte man ihn für einen gewöhnlichen jungen Mann halten können. Gesund, gut genährt und sehr muskulös. Aber Lilly wusste, was er war. Ein Wärter. Nicht der Einzige hier – und jeden Moment würde er die Geduld verlieren.

„Komm“, sagte Lilly und streckte die Hand nach dem Mädchen aus, das zusammengekauert auf dem Rücksitz saß. Melanie hob den Kopf. Ihre Augen waren gerötet, sie hatte während der ganzen Fahrt geweint und sich panisch an Lilly geklammert.

„Kind, du musst dich nicht fürchten“, hatte Schwester Karla gesagt. „Wir werden gut für euch sorgen. Es ist in dieser Zeit eine Gnade für jede Frau, in freudiger Erwartung zu sein. Ein Wunder, aber auch mit vielen Risiken verbunden. Und deshalb hat der General eigens diese Dörfer für werdende Mütter geschaffen. Hier wird für euch gesorgt. Du wirst ein sauberes Bett haben, an der frischen Luft leben, und es gibt genug zu essen. Gemüse, Früchte, lauter Dinge, die sonst kaum zu bekommen sind. Alles, damit du ein gesundes Kind zur Welt bringen kannst. Und wir haben auch eine medizinische Praxis, in der es an nichts fehlt.“

„Ich will zurück zu meinen Eltern!“, hatte Melanie geschrien.

„Ach ja? Zurück in dieses Kellerloch, in dem ihr euch verkrochen habt? Sieh dich doch nur an! Du bist ja schon halb verhungert, und es ist kaum zu glauben, dass dein Baby die sieben Monate überlebt hat. Sei froh und dankbar, dass wir dich gefunden haben.“

Melanie war weder froh noch dankbar. Sie hatte von schrecklichen Dingen gehört, die mit den Müttern und ihren Babys geschahen. Ihre Eltern hatte man niedergeschlagen, als sie verhindern wollten, dass man sie mitnahm. Und der Vater des Kindes, ein sechzehnjähriger Junge im gleichen Alter wie sie, war geflohen. Sie war froh darüber gewesen, denn man hätte aus ihm einen Soldaten gemacht oder ihn kurzerhand umgebracht. Sie hatte keine Wahl, also kletterte Melanie aus dem Bus.

„Kommt mit, ich zeige euch, wo ihr von nun an wohnen werdet.“

Sie folgten Schwester Karla, die fröhlich in die Runde winkte. Lilly spürte die neugierigen Blicke der Frauen und Mädchen hinter den Vorhängen der Fenster. Es war später Nachmittag und ungewöhnlich still.

Ich bin wieder zu Hause, dachte sie, aber es fühlte sich völlig unwirklich an. Man hatte sie tatsächlich zurück in das Dorf gebracht, in dem sie aufgewachsen war. Fünf Jahre waren vergangen, seit sie vor dem Grab ihres Großvaters Abschied genommen hatte. Fünf Jahre, in denen man die Häuser renoviert und neue Gebäude errichtet hatte: bunkerähnliche Bauten, die genauso bedrohlich wirkten wie der hohe Zaun, der die gesamte Umgebung umschloss. Das Dorf der Mütter war eine Festung.

Das Gasthaus sah von außen noch so aus wie früher. Aber der Raum, in dem Kathie ihre letzte Mahlzeit zu sich genommen hatte, war zu einer Art Kantine geworden. Die Theke und der Zapfhahn waren ebenso verschwunden wie die Schränke an den Wänden. Lange Tische, um die sich hölzerne Stühle reihten, füllten fast die gesamte Stube.

„Die Schwangeren und wir Schwestern essen hier abends zusammen“, erklärte Karla. „Es wird euch gefallen. Auch dir, Melanie, da bin ich mir sicher.“ Sie lächelte strahlend. „Wisst ihr, wie wir hier eine Schwangerschaft nennen?“

Melanie starrte sie trotzig an und schwieg.

Karla breitete die Arme aus, als wolle sie die ganze Welt umarmen. „Die sonnige Zeit! Wir nennen es die sonnige Zeit. Denn es ist eine Zeit der Freude und der Hoffnung! Und es wird nicht lange dauern, dann schätzt ihr euch glücklich, dass ihr hier bei uns eure Kinder zur Welt bringen dürft. Hier gibt es weder Angst noch Hunger. Auch wenn ihr im Moment vielleicht noch eure Angehörigen vermisst, jetzt sind wir Schwestern für euch da und sorgen für euch! Tag und Nacht!“

Lilly betrachtete die Frau, die voller Inbrunst auf sie einredete. Sie war etwa Ende vierzig und wirkte unscheinbar in dem blauen Kleid, auf dessen Brust ein Abzeichen glänzte: eine gelbe Sonne. Was sonst. Sie glaubte womöglich selbst, was sie da erzählte. Schwester Karla schien eine glühende Verehrerin des Generals zu sein.

Nicht zu unterschätzen und gefährlich.

„In euren Zimmern findet ihr frische Kleidung. Es gibt zwei Bäder auf jeder Etage, und die müsst ihr euch mit den anderen Bewohnerinnen teilen. Aber das sollte kein Problem sein“, plapperte Karla, während sie die Treppe emporstiegen.

„Bitte schön, das ist jetzt dein Reich.“

Karla führte Melanie weiter durch den Flur, und Lilly betrat die ihr zugewiesene Kammer. Sie war sehr klein, offenbar war das Zimmer zweigeteilt worden: ein schmales Bett mit geblümter Bettwäsche, ein winziger Tisch und ein Stuhl davor. Der Schrank hatte keine Tür, nur einen Vorhang. Lilly starrte auf das Foto, das als einziger Schmuck über dem Bett hing. Ein Foto des Generals.

Elric Braun. Ein Gesicht wie aus Stein gemeißelt, nicht der Hauch eines Lächelns, weder um den Mund noch in den Augen. Der ungekrönte Herrscher über das Land und sie alle. Das Bild verschwamm vor ihren Augen, und stattdessen sah sie Sebastians Gesicht. Hastig wandte sie sich ab.

„Es ist noch nichts entschieden!“, flüsterte sie und ließ sich auf das Bett sinken. „Es ist noch nichts entschieden.“

Fast übergangslos glitt sie in den Schlaf. Unter ihrem Fenster, im Stall neben dem weiß gekachelten Raum, in dem das Vieh geschlachtet wurde, brüllte ein Kälbchen nach seiner Mutter. Es klang verzweifelt.

Sigrid hatte das Gefühl, jeden Moment zu platzen. Aber sie musste weitermachen. Essen, Unmengen von Nahrung verschlingen, damit sie zunahm. Damit sich ein Bauch wölbte, der wenigstens für die erste Zeit eine Schwangerschaft glaubhaft machte.

„Du hast ja plötzlich ungeheuren Appetit!“ Lars lachte, aber sie konnte sehen, dass er etwas irritiert war.

Sigrid legte die Gabel zur Seite und wischte sich mit der Serviette über den Mund.

„Darf ich abräumen?“, fragte Tilda, die alte Frau die ihr den Haushalt machte. Sigrid hatte jetzt Personal und immer genug Lebensmittel im Haus, dafür sorgte Lars. Er war nun fast dauernd bei ihr.

„Ja, Sie können abräumen, aber warten Sie noch einen Moment mit dem Dessert.“

„Ja, Frau Richter.“

Als Tilda verschwunden war, griff Sigrid nach ihrem Glas und nippte daran. Wasser, Alkohol konnte sie jetzt nur noch heimlich trinken.

„Ja, ich habe wirklich ziemlichen Hunger in letzter Zeit, und das hat auch seinen Grund.“

Lars hob die Augenbrauen.

Sie fasste nach seiner Hand. „Ich habe es dir schon lange sagen wollen. Aber weil es beim letzten Mal mit Olaf in einer Katastrophe geendet hat, wollte ich noch damit warten, bis ich sicher bin.“

Lars sah sie verständnislos an. „Was? Von was für einer Katastrophe redest du?“

„Die Schwangerschaft. Ich habe damals das Kind verloren.“

„Heißt das etwa … du bist wieder schwanger?“

„Ja, ich bin schwanger. Wir bekommen ein Baby.“

Lars sah sie fassungslos an, und einen Moment befürchtete sie, dass er ihr nicht glauben würde. Aber dann zog ein breites Grinsen über sein Gesicht. Er sprang auf, packte sie und hob sie in die Höhe. Lachend drehte er sich mit ihr im Kreis.

„Ein Kind! Unser eigenes Kind! Mein Onkel wird überglücklich sein! Und wenn du willst, könnten wir auch gleich heiraten."

Das war mehr, als sie gehofft hatte. Sie würde ein offizielles Familienmitglied werden.

„Wenn du mich runterlässt, werde ich ja sagen!", rief sie in gespielter Verzweiflung.

Lars stellte sie auf den Boden und küsste sie leidenschaftlich. „Diesmal wird nichts passieren, diesmal wirst du das Kind nicht verlieren, das verspreche ich dir." Er umfasste ihre Schultern.

„Gleich morgen bringe ich dich zu unseren Ärzten zur Untersuchung", sagte er mit ernstem Blick. „Wir haben Spezialisten, echte Koryphäen, die sich um die werdenden Mütter und ihre Babys kümmern. Die Forschung hat große Fortschritte gemacht. Die Sterblichkeitsrate ist enorm gesunken, du bist bei ihnen in den besten Händen."

Sie hatte damit gerechnet, dass er das vorschlagen würde. Aber sie hatte vorgesorgt.

Frau Doktor Horn war zusammengezuckt, als Sigrid die Tür des Sprechzimmers hinter sich verschlossen hatte. Die Ärztin wirkte verhärmt, und der ehemals weiße Kittel hing an ihrem Körper wie ein Leichentuch.

„Ich kann das nicht mehr machen, ich kann nicht!", hatte sie gefleht, als Sigrid ihr erklärte, was sie von ihr wollte.

„Das ist Betrug, Verrat – und wenn das auffliegt, ist das mein Todesurteil!"

„Ja, meines wahrscheinlich auch. Aber wenn sich herumspricht, was ich über Sie weiß, läuft es für Sie aufs selbe hinaus. Aber lassen Sie das mein Problem sein. Ich werde ein Baby bekommen, nur nicht auf dem üblichen Weg.“ Sigrid hatte nicht lockergelassen und mit dem Attest in der Tasche zufrieden das Krankenhaus verlassen. Sie konnte nur hoffen, dass die nervöse Frau Doktor nicht die Nerven verlor und sich aus dem Staub machte.

Jetzt musste sie Lars überzeugen und um jeden Preis verhindern, dass man sie untersuchte.

„Ich war doch schon bei meiner Ärztin“, sagte sie und schlang ihm die Arme um den Hals. „Sie ist die Einzige, der ich vertraue. Sie hat mir versichert, dass alles in bester Ordnung ist. Ich bin gesund, und das Baby ist gesund. Und auch das habe ich dir nie erzählt. Ich habe das Kind verloren, weil Olaf mich geschlagen und getreten hat.“ Eine winzige Träne rollte über ihre Wange, und Lars war hingerissen. Sie war wirkte beinahe überirdisch schön, mit diesem verletzten Ausdruck im Gesicht.

„Ich weiß wirklich nicht, ob das geht. Das Gesetz verlangt ausdrücklich, dass sich alle Schwangeren …“

„Lars, bitte! Es geht mir doch gut. Uns beiden!“ Sie griff nach seiner Hand und legte sie sich auf den Bauch. „Ich verspreche dir hoch und heilig, beim geringsten Anzeichen, dass etwas nicht in Ordnung ist, kannst du mich hinbringen. Aber jetzt möchte ich einfach nur in Ruhe die Schwangerschaft genießen. Und dich.“

Er seufzte tief. „Na schön, ich werde mit meinem Onkel reden. Aber gegen Ende der Schwangerschaft wirst du in ein Mutterdorf gebracht. Hier in der Stadt kannst du kein Kind gebären, das wäre unverantwortlich.“

Das war ihr Plan. Genau zu dem Zeitpunkt, an dem Lilly in den Wehen lag.

„Ja, selbstverständlich, und ich freue mich schon darauf. Aber bis dahin will ich nur hier bei dir sein.“ Sie küsste ihn herausfordernd.

Als Tilda mit dem Dessert den Raum betrat, waren sie verschwunden.

„Hallo, Schlafmütze! Aufwachen!“

Lilly öffnete verwirrt die Augen und blickte in das freundliche, von Sommersprossen übersäte Gesicht einer jungen Frau.

„Na also, ich dachte schon, du bist bewusstlos. Ich bin Veva.“

Lilly setzte sich auf und sah sich um. Sie war noch völlig benommen.

„Du hast gestern so tief geschlafen, und Schwester Karla wollte dich nicht wecken. Du hast das Abendessen verpasst.“

Veva setzte sich zu ihr auf die Bettkante. Ihr Bauch wölbte sich wie ein großer Ball unter ihrem zerknitterten, gelben Kleid.

„Du bist Lilly, stimmt‘s?“

Lilly nickte, und Veva drückte ihr die Hand.

„Ich weiß genau, wie du dich jetzt fühlst, das ging mir am Anfang auch so. Ich war ganz durcheinander. Aber es geht uns hier eigentlich gut. Wir kriegen was zu essen und können uns frei bewegen.“ Sie runzelte die Stirn. „Na ja, wenigstens bis zum Zaun. Ich wüsste ja auch gar nicht, wohin ich gehen sollte. Sind ja alle tot von meiner Familie. Und wenn wir nicht wollen, müssen wir auch nicht arbeiten. Aber ich mach das gerne, weißt du? Immer nur faul herumliegen und warten, bis das Kind kommt, ist nicht gut. Dann fange ich an zu grübeln, und dann krieg ich Angst, weißt du?"

„Das verstehe ich gut", sagte Lilly lächelnd. Sie fand die junge Frau bezaubernd, die so vertrauensselig vor sich hinplapperte. Veva mochte ein wenig älter sein als sie und augenscheinlich von schlichtem Gemüt.

„Los jetzt!" Veva gab ihr einen leichten Schubs. „Geh unter die Dusche, und dann kommst du runter zum Frühstück. Wenn du das auch noch verpasst, bekommst du Ärger. Die Schwestern sehen es gar nicht gerne, wenn man sich nicht richtig ernährt."

Lilly rappelte sich auf und zog den Schrankvorhang zurück. Ein Sortiment Unterwäsche und Shirts lag sauber gestapelt neben einer noch verpackten Seife, einer Zahnbürste, einem Kamm und einer Haarbürste. Auf den Bügeln hingen ein Pullover, eine Jacke, ein Kleid und eine lange Hose. Alles in einer verwaschenen gelben Farbe. Sonnige Zeit.

„Das wird dir nicht stehen mit deinen blonden Haaren", seufzte Veva, als sie aus dem Zimmer ging. „Aber wir dürfen nichts anderes anziehen."

Und es gab noch einiges, was sie nicht durften.

„Kind, da bist du ja endlich!", rief Karla vorwurfsvoll, als Lilly den Speisesaal betrat. „Jetzt sind schon fast alle gegangen. Aber na ja, macht nichts. Du wirst sie nach und nach kennenlernen. Komm her, damit ich dich vorstellen kann."

Außer ihr war noch eine Schwester im Raum, die ihr Brötchen zur Seite legte und sie überschwänglich begrüßte.

„Ich bin Schwester Ria, willkommen in unserem kleinen Paradies! Und das hier sind unsere liebe Emilia, die tapfere Christine und die Jüngste in unserer Obhut, die bezaubernde Angelika."

Die drei jungen Frauen, die unterschiedlich große Bäuche vor sich hertrugen, musterten sie neugierig.

„Man sieht ja noch gar nichts", sagte Angelika. „Wie weit bist du?"

„Etwa in der zehnten Woche", antwortete Lilly.

„Dann wirst du also noch lange bei uns sein." Karla tätschelte ihr die Schulter. „Jetzt setz dich und iss, damit das Baby auch richtig gedeihen kann. Und danach darfst du frei entscheiden, was du machen möchtest. Du könntest in der Küche helfen, in einem der Gärten oder, wenn du Tiere magst, kannst du auch auf einem der Bauernhöfe mithelfen. Natürlich nichts Anstrengendes. Und wenn du keine Lust hast, musst du gar nichts tun."

„Ich würde gern einen Spaziergang machen", sagte Lilly und starrte auf den Teller, den man ihr hingestellt hatte. Duftendes Brot, Marmelade, Butter, zwei dicke Scheiben Wurst und ein Stück Käse. Es war unfassbar. Sie konnte sich nicht erinnern, wann sie das letzte Mal so etwas gegessen hatte.

Noch war sie wie betäubt vor Angst. Was stand ihr hier bevor? War Sebastian noch am Leben? Sie wusste es nicht. Wenn sie an ihn dachte, konnte sie nichts spüren. Da war nur dieses Bild aus ihrem Traum. Sein

Gesicht. Totenblass. Wie konnte sie es alleine schaffen, sich und ihr Kind in Sicherheit zu bringen? Es war, als stünde sie vor einer unüberwindbaren Mauer. Doch in diesem Moment übernahm ihr Körper die Herrschaft und verdrängte alles andere. Von Heißhunger überwältigt, griff sie gierig zu.

Schwester Karla lächelte zufrieden. *Sie ist also keine von denen, die in den Hungerstreik treten, in der Hoffnung, wieder nach Hause zu kommen.*

„Ich möchte Lilly begleiten, ich kann ihr alles zeigen!", rief Veva.

„Ja, das kannst du machen. Aber am Nachmittag muss Lilly zur Untersuchung und du auch. Also denk daran. Wir möchten euch nicht irgendwo suchen müssen." Der drohende Unterton war nicht zu überhören.

„Ich bringe Lilly pünktlich zurück", erwiderte Veva und ließ die Mundwinkel hängen.

„Wie ich sehe, hast du deinen Tee noch nicht getrunken."

Veva senkte den Kopf und schob die vor ihr stehende Tasse hin und her.

„Ich mag ihn nicht", flüsterte sie Lilly zu. „Ich werde immer so müde davon. Alles verschwimmt, und dann weiß ich manchmal gar nicht mehr, was ich vorher gemacht habe."

„Veva?"

Es war ein Befehl, und Lilly sah ihr zu, wie sie mit zusammengekniffenen Augen die Tasse leerte.

Hände. Winzige Finger, die über das Gesicht strichen. Ein Traum. Nur ein Traum in vollkommener Dunkelheit und Stille. Die Finger bohrten sich in die Wange.

„Wach auf!“

Sebastian konnte es nicht.

„Wo willst du denn hin?“ Veva hatte Mühe, mit Lilly Schritt zu halten. Sie schob beide Hände unter ihren Bauch, als hätte sie Angst, ihn zu verlieren.

„Zum Friedhof“, sagte Lilly. Sie konnte nicht auf Veva warten. Eine vage Hoffnung trieb sie vorwärts. Der Gedanke, am Grab ihres Großvaters Antworten zu finden. Einen Hinweis. Einen Ausweg aus diesem Albtraum.

„Woher weißt du denn, wo der ist?“, fragte Veva und rang keuchend nach Atem.

Lilly blieb stehen. „Ich habe als Kind hier gelebt.“

Veva riss die Augen auf. „Na so was! Wissen das die Schwestern?“

„Ich glaube nicht, aber das spielt ja auch keine Rolle.“

„Nein, tut es nicht“, sagte Veva laut schnaufend. „Das ist ja jetzt auch kein richtiges Dorf mehr. Mehr so eine Art … Lager?“

Ein Gefängnis, dachte Lilly, aber sie schwieg. Sie schob das schmideiserne Tor auf und blieb wie vom Blitz getroffen stehen.

Vor ihr lag eine Fläche aus trockener, brauner Erde. Die Grabsteine und hölzernen Kreuze waren verschwunden. Keine einzige Blume blühte mehr. Nur vereinzelt kämpften sich ein paar Grashalme ans Licht.

Was war hier geschehen? Wie betäubt setzte sie einen Fuß vor den anderen.

„Bleib doch hier. Was willst du denn da? Das ist kein guter Ort!“, jammerte Veva.

Nein, das war ein Ort des Grauens. Man hatte die Särge der verstorbenen Dorfbewohner nicht umgebettet. Und zwischen ihnen verwesten nun die Leichen von Frauen und Kindern, die man einfach verscharrt hatte.

Lilly konnte sie unter ihren Fußsohlen spüren, wie eisiges Feuer, das sich in ihr Gehirn fraß und ihr den Verstand raubte. Sie drehte sich um, wollte fliehen, aber aus dem Boden stieg ein grauer Nebel, der ihr die Sicht nahm.

„Veva, hilf mir“, stammelte sie. Dann wurde sie vom Nebel verschluckt.

„Was ist los mit ihr? Ist mit dem Baby alles in Ordnung?“ Karlas Stimme klang wie durch Watte.

„Ja, alles in bester Ordnung. Kein Grund zur Sorge.“

Jemand schob ihre Hose hoch. Männerhände. Lilly öffnete die Augen. Sie lag auf einem Behandlungstisch, ein Kissen unter dem Rücken, die Fersen auf kaltem Metall.

„Da ist sie ja wieder“, sagte der Mann zufrieden und beugte sich über sie. „Ich bin Dr. Pagel, und es gibt keinen Grund, sich aufzuregen, junge Frau. Ihr zwei seid völlig gesund. War wahrscheinlich nur die

Hitze, die dir zu schaffen gemacht hat. Hast du genug getrunken? Und etwas mehr Fleisch auf den Rippen könntest du auch gebrauchen.“ Er drehte sich um und sah Schwester Karla vorwurfsvoll an.

„Sie ist gestern erst angekommen“, fauchte sie wütend. „Für ihren Zustand können wir nun wirklich nichts.“

Lilly richtete sich auf und sah sich um. Ein fensterloser Raum. Medizinische Geräte, von denen sie nicht wusste, wozu sie gebraucht wurden. Chirurgisches Besteck, das kalt im Licht funkelte. Gläserne Schränke, voll mit Medikamenten, Spritzen und Tinkturen.

Was ihr die Kehle zuschnürte, war die Klarheit, mit der sie begriff, dass all die Frauen und Kinder auf dem Friedhof in diesem Raum gestorben waren.

„Bitte leg dich wieder hin, ich muss dir noch etwas Blut abnehmen“, sagte der Arzt und drückte sie sanft auf das Kissen.

Den Stich der Nadel spürte sie kaum, aber in den Ohren hörte sie ein leises Rauschen, als er drei Röhrchen füllte.

„Es hat etwas mit dem Blut zu tun“, sagte Kathie laut in ihrem Kopf. „Sie brauchen das Blut.“

Lilly wusste, dass sie recht hatte. Wie betäubt ließ sie sich von Karla aus dem Raum führen, vorbei an Veva und zwei jungen Frauen, die vor dem Behandlungszimmer warteten.

„Wer ist an der Reihe? Veva? Hereinspaziert, junge Dame!“, rief der Arzt, und dann stand Lilly geblendet vom Sonnenlicht vor dem Gebäude. Es war ihr ehemaliges Schulhaus, das sie zuerst gar nicht erkannt hatte. Die Fenster waren zugemauert und die Türen aus Stahl. Was befand sich in den anderen Räumen?

„Ein Labor“, sagte Kathie.

Leutnant Hector Degner lag auf dem Bauch, schöpfte mit den Händen Wasser aus dem Bach und trank es gierig. Endlich! Das Wasser hatte einen seltsamen Geschmack, vielleicht würde er sich etwas einfangen, aber darauf konnte er nun keine Rücksicht nehmen.

Vier verdammte Tage und Nächte war er schon unterwegs. Ohne Nahrung, abgesehen von ein paar Äpfeln und Karotten, die er unterwegs auf Wiesen und Feldern gestohlen hatte. Immer auf der Hut, dass er nicht erwischt wurde. Er hatte nicht die geringste Ahnung, wann er endlich die Stadt und seine Truppe erreichen würde. Er musste sich eingestehen, dass er sich verlaufen hatte. Das Pack hatte eine neue, teuflische Strategie entwickelt. Überall hatten sie die Ortschilder entfernt, und er konnte niemanden fragen. Niemandem trauen.

Dabei hatte es so gut begonnen. Er hatte diesen verräterischen Hund erschossen, und im gleichen Moment waren seine Soldaten in die Fabrik gestürmt. Er war losgerannt, siegessicher, dass man sie überrumpelt hatte und einen nach dem anderen eliminieren konnte wie lästige Ratten.

Kurz vor dem Gebäude pfiffen ihm dann die Kugeln um die Ohren. Sie kamen von hinten, und als er sich entsetzt umdrehte, sah er sie kommen. Abgemagerte, zerlumpte Gestalten, die furchtlos auf ihn zu rannten, eine Horde Verrückter. Eine Kugel traf ihn seitlich am Hals, und Degner stürzte eine Treppe hinunter. Mit weit aufgerissenen Augen lag er auf dem Rücken, als ihn der Strahl einer Taschenlampe traf.

„Der ist tot", sagte eine Stimme, und dann herrschte wieder Dunkelheit.

Noch ein paar Schüsse, laute Befehle, endlich zogen sie ab. Er hörte den Motor des Lasters aufheulen, den sie natürlich mitnahmen.

„Verdammtes Dreckspack!", brüllte er, als er sicher sein konnte, dass er allein war. „Hurensöhne!"

Die Verletzung an seinem Hals war nur ein Streifschuss. Keine große Sache, er hatte schon ganz andere Dinge weggesteckt. Aber wie sollte er jetzt zurückkommen? Er war weit entfernt von seinen Leuten, schon nahe der nördlichen Grenze. Ein gefährliches Gebiet, verseucht von diesem Ungeziefer.

Auf keinen Fall durfte er in seiner Uniform herumlaufen. Da könnte er sich auch gleich selbst eine Kugel verpassen. Er kroch nach oben und sah sich die Bescherung an. Die Toten lagen kreuz und quer, und es würde nicht lange dauern, dann konnte man sie kilometerweit riechen. Angewidert zog er einem der Rebellen, der ungefähr seine Größe hatte, das stinkende Hemd und die Hose aus. Er riss sein Shirt in Streifen und wickelte ihn sich als Verband um den Hals, unter den er seinen Ausweis schob. Den man besser nicht bei ihm finden sollte. Sein Gewehr ließ er mit großem Bedauern zurück und steckte sich stattdessen eine Pistole in den Gürtel.

„Verfluchter Mist!", brüllte er und marschierte los. „Dreckspack!" Er war überzeugt, dass er dieses Fiasko dem Wolf zu verdanken hatte. Der es doch wieder irgendwie geschafft hatte, den Plan zu sabotieren, und nun hoffentlich für alle Zeiten in der Hölle schmorte.

Unterwegs hatte Degner genug Zeit gehabt, seinen Hass zu schüren. Er half ihm, immer weiterzugehen, die Blasen an den Füßen zu ignorieren. Die Müdigkeit in den Knochen und den Hunger und den Durst. Er wagte es nicht, in eine der Ortschaften zu gehen, an denen er vorbeikam, nicht einmal in das kleinste Kuhdorf. Was er sah, war beängstigend.

Hier, weit entfernt von der Stadt, dem Zentrum der Macht, rotteten sich die Menschen zusammen. Aus sicherer Distanz hatte Degner fassungslos beobachtet, wie ein Arzt, der mit Unterstützung zweier Milizen eine junge Frau mitnehmen wollte, zusammengeschlagen wurde: Mit Schaufeln und Knüppeln gingen die Dorfbewohner auf die Männer los. Ein alter Tattergreis schwang brüllend ein Beil, als einer der Bauerntölpel, von einer Kugel getroffen, zu Boden stürzte.

Es waren viele gewesen, die sich widersetzten, und es waren immer mehr geworden, die schreiend herbeistürmten. Den Abgesandten war nichts übriggeblieben, als mit durchdrehenden Reifen die Flucht zu ergreifen.

Sogar der Ortsleiter, auf dessen Brust das Rangabzeichen prangte, hatte sich an dem Widerstand beteiligt. Ausgerechnet der Mann, der hier für die Einhaltung der Gesetze sorgen sollte.

„Ich werde deine Visage nicht vergessen", murmelte Degner, während er davonschlich. „Ich komme wieder, aber nicht allein!"

Er konnte nicht begreifen, warum sich die Leute auflehnten. Hatten sie denn nichts kapiert in den vergangenen Jahren? Nach Kriegsende hatte das Land in Schutt und Asche gelegen. Die Regierungsmitglieder hatten sich gegenseitig die Schuld an der Katastrophe zugeschoben, und es herrschte das totale Chaos. Willkür, Gesetzlosigkeit und Unruhen, die völlige Auflösung sämtlicher Strukturen stand kurz bevor. Dann tauchte Elric Braun mit seinen Getreuen auf und jagte all diese unfähigen Idioten zum Teufel. Schuf eine neue Ordnung, eine neue Armee und sorgte für die nötigsten Dinge: Krankenhäuser, Fabriken und eine gerechte Verteilung der Nahrungsmittel.

Natürlich ging das nicht ohne harte Gesetze, denn der Mensch teilt von Natur aus selten freiwillig. Nun gehörte alles dem Staat, also würde niemand zu kurz kommen. Und Degner hatte munkeln hören, dass man in den Forschungslaboren einen Weg gefunden hatte, damit wieder mehr Kinder geboren wurden, ohne dass die Mütter dabei draufgingen. Was hatte der General in diesen acht Jahren nicht schon alles erreicht. Und er würde noch mehr erreichen. Aber es war höchste Zeit, den aufrührerischen Widerstand zu brechen. Ihre verrückten Ideen von Freiheit und Selbstbestimmung breiteten sich nun schneller aus, als ein Feuer auf einem vertrockneten Feld.

Er würde dafür sorgen, dass es gelöscht wurde.

„Bäh, mir ist immer noch ganz schummerig“, jammerte Veva und stocherte in ihrem Salat. „Der Doktor hat mir so viel Blut abgezapft, bis mir schwarz vor Augen wurde. Bäh!“

Sie saß neben Lilly mit zehn weiteren Schwangeren im Speisesaal. Ein kleines Feld aus gelben Blumen und zwischen ihnen, die Schwestern. Diese wollten mit aller Macht eine fröhliche Stimmung verbreiten. Ihr Geplapper trieb Lilly fast in den Wahnsinn. Den anderen Frauen schien es nicht anders zu gehen, denn, obwohl wahre Kostbarkeiten vor ihnen auf den Tellern lagen, schienen sie keinen Appetit zu haben. Auch Lilly säbelte lustlos an ihrem Fleisch herum.

Den Rest des Nachmittags hatte sie mit Schwester Karla verbringen müssen, die sie herumgeführt hatte. „Ich kann besser auf dich aufpassen, als unsere liebe, kleine Veva“, hatte Karla augenzwinkernd erklärt.

Den neuen Dorfbewohnern war es eine Ehre, dem General hier zu dienen. Eine bessere Zukunft zu erschaffen, indem sie das Land bewirtschafteten, das Vieh mästeten und die Schwangeren umsorgten. Doch Lilly hatte begriffen, dass sie in erster Linie alles im Auge behielten, das war ihre eigentliche Aufgabe. Diese Männer und Frauen brauchten weder Uniformen noch Befehle, sie funktionierten wie ferngesteuert. Lilly konnte ihr inneres Feuer spüren.

„Hast du die Assistenten vom Doktor gesehen?“, flüsterte Veva und rückte mit ihrem Stuhl dicht an Lillys Seite.

„Nein, da war sonst niemand.“

„Da kannst du froh sein. Meine Güte, sind das zwei komische Vögel. Die hocken irgendwo hinten in den anderen Räumen, und dann tauchen sie urplötzlich auf, nehmen die Röhrchen mit dem Blut mit und reden kein einziges Wort. Unheimlich, sag ich dir.“

„Jetzt iss endlich Veva,“ sagte Schwester Karla und warf ihnen vom anderen Tischende einen bösen Blick zu. „Und du auch, Lilly. Das schöne Essen wird ja schon kalt.“

Veva senkte den Kopf. „Ich hab Angst, Lilly. Und die anderen auch.“

Lilly legte ihr tröstend die Hand auf den Arm.

„Weißt du, wir haben hier noch nie eine mit ihrem Baby wegfahren sehen“, flüsterte Veva. „Noch nie.“

Lilly stand am Rande eines goldgelben Kornfelds. Die Ähren neigten sich wellenförmig im Wind. Ein paar Krähen zogen ihre Kreise am wolkenlosen Himmel, und vor ihren Füßen huschte eine Maus vorbei.

„Ist das nicht wundervoll?“, rief Dr. Pagel und breitete verzückt die Arme aus. Wie aus dem Nichts war er neben ihr aufgetaucht. „Die sonnige Zeit! Eine Gnade!“

Trotz der Hitze fröstelte Lilly. Sie wollte sich umdrehen und weglaufen, aber sie konnte sich keinen Millimeter bewegen.

„Es wird Zeit. Wir müssen uns jetzt an die Arbeit machen“, sagte der Mann im weißen Kittel, der hinter ihm stand, und übergab Dr. Pagel eine Sense. Die scharf geschliffene Klinge funkelte im Sonnenlicht.

„Es ist Erntezeit!“, jubelte der Arzt, und mit weit ausholenden Schwüngen begann er zu mähen.

Das Korn sank zu Boden, und aus den Halmen floss Blut.

Das Dorf der Mütter

Aus der Sicht des Mäusebussards, der sich im Aufwind treiben ließ, bewegte sich der Mensch kaum von der Stelle. Er schlängelte sich geradezu im Schneckentempo durch das Tal. Es würde noch lange dauern, bis er in das Dorf am Ende der Straße gelangte. Als der Mensch plötzlich stillstand, segelte der Bussard davon.

Rosie setzte ächzend die Tasche mit ihren wenigen Habseligkeiten ab und drückte den Rücken durch. Man hatte sie einfach aus dem Auto geschmissen und an der Straße stehen lassen wie Müll.

Rosie sah sich um. Sie kannte die Gegend in- und auswendig, denn das war einmal ihr Zuhause gewesen. Und jetzt würde sie heimkehren.

Rosie schnaubte. Heimkehren, Zuhause. Diese Worte hatten keine Bedeutung mehr. So etwas gab es nicht mehr. Sie wusste nicht, was sie vorfinden würde, aber sie ahnte, dass nichts mehr übrig war von dem, was sie zurückgelassen hatte, als sie sich vor Jahren auf die Suche nach ihren Töchtern gemacht hatte.

Das Dorf und auch das Land gehörten jetzt der Gemeinschaft. Dem General natürlich, warum sprach das eigentlich nie jemand aus!

Weil der sich dann gleich sein Grab schaufeln kann.

Rosie wischte sich den Schweiß von der Stirn. Sie hatte Glück gehabt. Unfassbares Glück. Sie dachte an den Moment zurück, als sie auf Zehenspitzen balancierend in den Hof geblickt hatte. Fast blind vor Tränen.

Als Anja plötzlich aufgesprungen war und auf die Soldaten zu rannte. Und dann lag sie da. Mit verrenkten Gliedern wie ein zerbrochenes Porzellanpüppchen. Der viel zu weite Pullover zerschlissen und voller Blut.

Rosie hatte wie von Sinnen geschrien und mit der Faust an die Scheibe geschlagen. Während unten eine Frau, die Lilly so ähnlich sah wie eine Schwester, heftige Diskussionen mit einem Mann und dem Bezirksleiter führte. Dann wurde Lilly weggebracht.

Sie lassen sie leben?

Rosie konnte es nicht fassen und wartete, hin- und hergerissen zwischen Hoffnung und Angst, dass man sie in die Zelle zurückbrachte.

Aber Lilly kam nicht.

Niemand kam.

Zwei Tage lang, bis Rosie halb verdurstet an die Tür hämmerte. So lange, bis ein Wärter öffnete und Rosie überrascht anstarrte. Man hatte sie einfach vergessen.

Er brachte sie zum Bezirksleiter, der anscheinend genauso überrascht war.

„Weshalb hat man Sie festgenommen?“, fragte er und wühlte in den Papieren auf seinem Schreibtisch.

„Das wüsste ich auch gerne“, knurrte Rosie und schnappte sich die Wasserkaraffe von seinem Schreibtisch. Mit gierigen Schlucken trank sie sie leer.

Der Bezirksleiter – Peters, so hieß dieses Bürschchen – zog die Augenbrauen zusammen.

Rosie wischte sich übers Kinn. *Es ist wohl besser, wenn ich es mir nicht mit ihm verscherze.*

„Na gut, ich gestehe“, sagte sie und lächelte ihn freundlich an. „Ich bin hier, weil ich ins Archiv eingebrochen bin. Mir ist ja auch nichts anderes übriggeblieben. Ich wollte doch nur wissen …“ Sie schluckte schwer und fuhr sich über die Augen. „Wo meine Töchter sind. Was man mit ihnen gemacht hat.“

Peters betrachtete sie mit einem seltsamen Ausdruck in den Augen.

Mitleid? Verständnis? Rosie konnte ihn nicht deuten.

„Einbruch also. Wie lange sind Sie schon in Haft?“

„Wie lange? Ja, wie lange bin ich denn hier?“ Rosie zuckte hilflos mit den Schultern. „Tage? Wochen? Ich weiß es einfach nicht.“

Und das war die reine Wahrheit. Die Zeit in der Zelle hatte sich angefühlt wie eine dickflüssige Masse, die monoton von den Wänden tropfte.

Peters beobachtete Rosie, während sie mit gekrauster Stirn angestrengt nachdachte. Am liebsten hätte er sie einfach auf die Straße gestellt, wo sie wahrscheinlich sowieso nicht lange überleben würde. Irgendwie erinnerte ihn diese Frau an seine Großmutter, obwohl sie wahrscheinlich viel jünger war.

Zäh, wie altes Leder.

Er schob scheinbar geschäftig ein paar Papiere hin und her, während er innerlich vor Wut auf seinen Vorgänger kochte.

Diesem selbstherrlichen Psychopaten!

Peters hatte versucht, irgendein System, eine Ordnung in den Unterlagen zu finden. Protokolle von Verhören, eine Spur von Recht und Gerechtigkeit, aber da gab es nichts, außer seiner kryptischen Unterschrift auf den Todesurteilen. Soweit Peters das nachvollziehen konnte, war kaum einer der Gefangenen mit dem Leben davongekommen.

„Bis ich weiß, wie es mit Ihnen weitergeht, können Sie sich hier nützlich machen“, sagte er und versuchte einen strengen Blick aufzusetzen.

„Nützlich? Hier?“ Rosie schwante Übles.

„Putzen. Sie werden unter Aufsicht putzen und bekommen mehr zu essen.“

Rosie strahlte. Es war nicht nur die Aussicht, nun doch nicht in der Zelle zu verhungern. Denn auch wenn sie unter der Fuchtel der Wärter stand, sie würde die erste Gelegenheit nutzen und verschwinden. Sobald sie herausgefunden hatte, was mit Lilly geschehen war.

Und Rosie hatte es herausgefunden.

Peters, die Wärter und selbst die Männer der Miliz, die täglich neue Gefangene ablieferten, hatten sich schnell an ihren Anblick gewöhnt und sich nicht um sie gekümmert.

Um die alte Frau in der abgewetzten Hose und dem löchrigen Pullover, die scheinbar völlig weggetreten, die Flure wischte, die Treppen und den Hof fegte. Die geradezu andächtig alles mit einem Baumwolltuch von Staub befreite, was in den Büros herumlag.

Sie hatten Lilly in ein Mutterdorf gebracht!

Den metallenen Aktenschrank hatte sie eines Tages unverschlossen vorgefunden, und Rosie hatte hastig einen Ordner nach dem anderen herausgezogen und die ersten Seiten überflogen. Bis sie Lillys Namen entdeckte.

Als Rosie begriff, um welche Ortschaft es sich handelte, konnte sie es zuerst fast nicht glauben.

Ihr Zuhause, das man ihr und allen anderen einfach weggenommen hatte!

Aber es war perfekt. Das Dorf lag abgeschieden, dennoch gut erreichbar von der Stadt, am Ende eines Tales. Leicht zu überwachen, falls einer der Schwangeren in den Sinn kam, abzuhauen. Es gab fruchtbares Land und somit genügend Nahrung. Der beste Platz für werdende Mütter. Anscheinend gab es im ganzen Land mehrere dieser Einrichtungen, aber nun wusste sie, wo Lilly war.

Und da würde sie ganz offiziell und mit einem Auftrag auftauchen. Denn Rosie hatte einen Plan.

„Ich kann hier nachher saubermachen, wenn Sie wollen“, murmelte sie entschuldigend, als der Bezirksleiter spät abends sein Büro betrat.

„Sie sind immer noch bei der Arbeit?“ Peters musterte sie mit geröteten Augen.

Rosie hatte Verständnis für diesen Mann entwickelt. Sie hatte keine Ahnung, wie er zu seinem Posten gekommen war. Aber sie spürte, dass er aus tiefstem Herzen hasste, was er tun musste. Er war anscheinend wie so viele andere auch ein Mitläufer aus Angst. Denn wer gegen das System aufbegehrte, galt als Rebell. Eine Bedrohung für die Gemeinschaft und die Ordnung. Ein Todeskandidat.

„Ich kann sowieso nicht schlafen“, seufzte sie und schob den Putzeimer mit dem Fuß vorwärts.

„Da sind Sie nicht die Einzige.“ Er dachte an die Gesichter, die ihn im Schlaf verfolgten.

„Was ich am meisten vermisse, ist die frische Luft. Landluft!“ Rosie stützte sich auf ihren Schrubber und starrte sehnsuchtsvoll an die Decke.

„Landluft?“

„Ja. Sie müssen wissen, ich war mal Bäuerin. Ich habe einen Hof ganz alleine bewirtschaftet, ich kann alles. Bei mir hat es auch im Krieg keine Ernteausfälle gegeben!“

Es dauerte, aber Peters war am Ende überzeugt davon, dass es seine Idee gewesen war, wie er diese Frau endlich loswerden konnte. Sie würde weiterhin in Gefangenschaft arbeiten, einfach an der frischen Luft.

Und jetzt stand sie hier in der sengenden Hitze.

Rosie bückte sich und griff nach ihrer Tasche. In der Ferne konnte sie schon den Turm der Kapelle sehen.

Im Dorf der Mütter.

Helles Licht drang durch seine geschlossenen Augenlider, und eine Hand fuhr ihm über die Wange. Er konnte Bartstoppeln knistern hören.

„Lilly! Hör auf damit, du tust ihm vielleicht weh.“

Lilly?

Sebastian riss die Augen auf, und Sonnenlicht fiel auf seine Netzhaut wie kochendes Wasser. Er kniff die Lider zusammen und stöhnte.

„Lilly?“ War das wirklich seine eigene Stimme? So rau und kaum hörbar.

„Nur die Ruhe, mein Freund“, sagte ein Mann. „Warte, ich ziehe den Vorhang zu.“

Sebastian versuchte, sich aufzurichten, aber in seinem Kopf hämmerte ein so unerträglicher Schmerz, dass ihm übel wurde. Er versuchte, die säuerliche Flüssigkeit in seiner Kehle herunterzuschlucken, und öffnete die Augen.

Es dauerte einen Moment, bis er im Dämmerlicht etwas erkennen konnte. Ein kleines Mädchen, vielleicht fünf Jahre alt, das vor Freude in die Hände klatschte. Eine junge Frau, die ihn anlächelte. Und ein breitschultriger Kerl, der bis zu den Ohren grinste.

„Hallo, Mattis“, krächzte Sebastian und ließ sich wieder auf das Kissen sinken. Der ganze Raum drehte sich.

„Hallo, Sebastian, schön, dass du wieder unter uns weilst. Es hat nicht gut für dich ausgesehen.“

„Wo … wo bin ich? Wie komme ich hierher?“ Sebastian konnte sich nur noch an Lillys Gesicht erinnern, bevor es wieder in der Dunkelheit verschwunden war.

„Lilly, bitte hol Sebastian etwas Tee“, sagte die Frau zu dem kleinen Mädchen, das hüpfend aus der Tür verschwand.

Mattis setzte sich zu ihm auf die Bettkante. „Erinnerst du dich nicht mehr? Die Fabrik? Die Schießerei? Man hat dir in den Kopf geschossen, mein Junge.“

Hector Degner! Sebastian hob die Hand und betastete den Verband an seinem Kopf.

„Beinahe hätten wir dich liegen lassen in deiner beschissenen Uniform. Im letzten Moment habe ich dich erkannt und gesehen, dass noch ein kleiner Funken Leben in dem Wolf steckt.“

Sebastian trank gierig den Tee aus dem Becher, den ihm die Frau an die Lippen hielt.

„Ich glaube, ihr kennt euch noch nicht. Das ist Finja. Meine Frau und Geliebte, die Mutter meiner süßen Tochter und eine echte Kämpferin. Mach bloß nie den Fehler und unterschätze dieses Weib!“ Mattis drückte seiner Frau einen Kuss auf die Wange, dass es nur so knallte. Lilly stand kichernd daneben.

„Wie lange … wie?“

„Wie lange du schon hier bist? Drei Wochen, mein Freund, drei verdammt lange Wochen, und es hat übel ausgesehen für dich. In den ersten paar Tagen hat niemand daran geglaubt, dass du durchkommst. Hier gibt es im Umkreis von zweihundert Kilometern kein Krankenhaus mehr. Und unser Doktor, na ja, wie soll ich sagen, also er hat sein Bestes getan. Aber jetzt bist du ja über den Berg und …“

Sebastian hörte ihm nicht mehr zu. Drei Wochen! *Lilly*. Wenn nicht ein Wunder geschehen war, war sie längst tot. Hingerichtet. Er schlug sich die Hände vors Gesicht und weinte. Die Leere, die ihn zu verschlingen drohte, löschte alles andere aus.

Mattis starrte verdattert auf ihn herab. Was gab es da zu flennen? Oder freute er sich so, dass er noch am Leben war?

Finja zog ihre Tochter aus dem Zimmer und schloss leise die Tür hinter sich.

„Lilly“, stöhnte Sebastian, und Mattis begriff. Er hatte ihm von seiner großen Liebe erzählt, die den gleichen Namen trug wie seine Tochter. Von seinem Plan, sie über die Grenze zu bringen.

„Was ist mit ihr?“, fragte er und goss einen Schluck Schnaps in Sebastians Becher. „Hier, trink erst mal, und dann erzählst du mir alles. Vielleicht ist ja doch noch nicht das Ende der Welt gekommen.“

Mattis gönnte sich selbst ein Glas, während er Sebastian zuhörte.

„Ja, drei Wochen sind eine lange Zeit“, sagte er schließlich. „Aber es kann trotzdem sein, dass sie am

Leben ist. Immer noch in einer Zelle sitzt oder als Gefangene irgendwo Sklavenarbeit verrichten muss.“ Von den anderen Möglichkeiten, die ihm durch den Kopf gingen, wollte er lieber nicht reden.

„Vielleicht hast du recht!“ Sebastian schwang die Beine aus dem Bett. „Ich muss es wissen, ich muss zurück! Vielleicht …“ Mattis konnte ihn gerade noch auffangen, als ihm schwarz vor Augen wurde.

„Hoppla, langsam, junger Wolf. Du wirst zurückkehren, und wir werden dir bei der Suche helfen, das verspreche ich dir. Aber erst einmal musst du wieder zu Kräften kommen, wir können dich schlecht auf den Schultern durch die Stadt schleppen. Wir wollen doch kein Aufsehen erregen.“

Sebastian sank zurück und hätte am liebsten laut geschrien vor Verzweiflung. Diese Schwäche und Hilflosigkeit, die ihn wie mit Ketten an das Bett fesselten, trieben ihn fast in den Wahnsinn.

Sie lebt, und es geht ihr gut! Einen anderen Gedanken durfte er nicht mehr zulassen.

„Schlaf jetzt ein wenig“, sagte Mattis und deckte ihn zu. „Finja bringt dir nachher was zu essen.“ Vielleicht ist er ja in ein, zwei Wochen so weit, dachte er, als er den Raum verließ. *Dann kann er auch uns helfen. Wir haben immer noch seine Uniform, und der Wolf kennt sich in dem Wespennest bestens aus. Er war uns schon oft von Nutzen.*

Im ganzen Land hatten sich Zellen gebildet, denen sich immer mehr Menschen anschlossen. Unentdeckt von den Schergen des Generals, schlummerte ein Heer von Aufständischen, das nur auf den richtigen Moment wartete, um das Regime zu stürzen.

Wir werden uns unsere Freiheit zurückholen!

Rosie näherte sich dem Traktor mit Anhänger, der das offene Tor blockierte. Weit und breit war niemand zu sehen. Sie wischte sich den Schweiß von der Stirn und sah sich um. Ein paar Kühe grasten auf der Wiese hinter dem mit Stacheldraht gekrönten Zaun, der anscheinend kein Ende und keinen Anfang hatte.

„Hallo? Ist da jemand?“ Die Kühe hoben die breiten Schädel und musterten sie, während sie ungerührt weiterkauten.

„Hallo! Hört mich jemand?“ Rosie schüttelte innerlich den Kopf. Von wegen gut bewacht, das ist ja lachhaft.

Auf der Ladefläche des Anhängers erschien zuerst ein Strohhut, und dann das Gesicht eines braungebrannten Mannes, der wohl ein Nickerchen gemacht hatte.

„Ich soll mich hier melden“, sagte Rosie und fuchtelte mit ihren Papieren.

Der Mann setzte sich auf, und nun konnte Rosie den muskulösen Oberkörper bestaunen. Der Mann kletterte von der Ladefläche und schlenderte, die Hände in den Taschen einer grauen Arbeitshose, wortlos auf sie zu. Der ganze Kerl war ein Kraftpaket und hockte vermutlich nicht zum Spaß vor der einzigen Ein- und Ausfahrt. Immer noch wortlos nahm er die Papiere und studierte sie. Rosie hätte ihm am liebsten eine gescheuert.

„Melde dich im Büro. Steht ‚Verwaltung‘ an der Tür. Das gelbe Haus gleich neben dem Gasthaus. Nicht zu verfehlen.“

Doch nicht stumm dieser Trottel, dachte Rosie, während sie sich durch den schmalen Spalt zwischen Traktor und Torpfosten quetschte. Als sie sich dem Dorf näherte, blieb ihr vor Verwirrung der Mund offen. Es war, als hätte ein verrückter Künstler ein altbekanntes Bild übermalt. Die meisten Häuser hatte man notdürftig renoviert, aber die Türen waren jetzt aus Stahl, und einige der Fenster waren vergittert. Den kleinen Laden, der gleichzeitig als Poststelle gedient hatte, gab es nicht mehr. Man hatte die Fenster einfach zugemauert, und was sich jetzt darin befand, wollte Rosie lieber nicht wissen. Als sie an der Schule vorbeikam, stockte ihr fast der Atem. Nur der im Sterben liegende Nussbaum davor erinnerte noch an die Zeit, als hier einmal Kinder ein- und ausgegangen waren.

Sie ging Richtung Gasthaus, als ihr ein paar Frauen entgegenkamen. Alle gelb gekleidet, an ihrer Seite eine fröhlich gestikulierende Begleiterin, deren Abzeichen in der Sonne funkelte.

Lilly musste sich mit aller Macht zusammennehmen, als sie Rosie da wie angewurzelt stehen sah. Jede Faser ihres Körpers wollte losrennen und die verhärmte Gestalt umarmen und drücken. Ein Ruck fuhr durch die alte Frau, und Lilly befürchtete schon, dass Rosie die Kontrolle verlieren würde. Aber sie kam mit ausdruckslosem Gesicht auf sie zu.

„Ich soll hier arbeiten und mich bei der Verwaltung melden“, sagte Rosie, als sie die Gruppe erreicht hatte.

„Die Büros sind gleich neben dem Gasthaus, einfach geradeaus weitergehen“, antwortete Schwester Karla und scheuchte die Mädchen weiter.

„Danke“, murmelte Rosie. Sie erhaschte noch einen kurzen Blick in Lillys vor Freude leuchtenden Augen. Sie straffte die Schultern und trottete weiter, während sie sich alle möglichen Strategien überlegte. Sie musste dafür sorgen, dass sie in Lillys Nähe arbeiten konnte. Mit ihr reden. Pläne schmieden für eine Flucht. Es war nicht nur Freude gewesen, was sie in Lillys Augen gesehen hatte.

„Soll ich dir helfen?“ Veva zwängte sich raschelnd durch die mannshohen Bohnenranken.

„Nein danke, das sollte reichen für heute“, sagte Lilly und hob den gut gefüllten Korb auf.

„Pff, bis die wieder alle geputzt sind“, jammerte Veva. „Ich weiß, ich müsste das ja nicht tun, aber so kann ich wenigstens die Hände beschäftigen. Das ist ja fast wie Schäfchenzählen, vielleicht hört mein Kopf dann auf zu denken.“

„Ach, Veva, komm her.“ Lilly nahm sie in die Arme und drückte sie an sich. Eine Sekunde hatte sie das Gefühl, dass die beiden Babys, die in ihnen heranwuchsen, einander nun spüren konnten. So wie Lilly ihr Kind spüren konnte seit dem ersten Augenblick seiner Zeugung.

„Ich hab so schlimme Träume, Lilly“, flüsterte Veva. „Bald ist es so weit, und ich hab so schreckliche Angst.“

Lilly strich ihr beruhigend über die verschwitzten Haare. Seltsam, dass Veva noch Träume hatte. Lilly träumte nun seit fast drei Wochen nicht mehr. Und das lag nicht daran, dass sie sich dagegen verschlossen hatte.

Es war dieser Tee, den die Schwangeren täglich dreimal trinken mussten. Unter Aufsicht der Schwestern, die von Kräutern und Vitaminen erzählten, die unbedingt notwendig wären, damit sie gesund blieben. Ja, es stimmte. Ein paar Kräuter waren tatsächlich darin. Aber der Rest diente dazu, die Frauen und Mädchen ruhigzustellen. Lilly hatte manchmal das Gefühl, als ob sie schlafwandle. Alles erschien unwirklich, die Geräusche um sie gedämpft, die Farben verwaschen.

Sie hatte schon mehrmals versucht, sich gleich, nachdem sie den Tee getrunken hatte, auf der Toilette den Finger in den Hals zu stecken. Aber es war keine Überraschung, dass ausgerechnet dann auch eine der Schwestern ein Bedürfnis verspürte und sie begleitete. Und danach war es zu spät. Was immer dem Tee beigemischt wurde, wirkte ziemlich schnell.

„Schwör mir, dass du bei mir bleibst, wenn das Kind kommt!“ Veva klammerte sich an ihr fest wie eine Ertrinkende. „Noch nie ist eine mit ihrem Baby nach der Geburt wiederaufgetaucht. Ich weiß nicht, was die machen, aber bitte, bitte, lass mich nicht alleine!“ Sie brach in Tränen aus, und Lilly fühlte Rotz und Wasser auf ihrer Wange.

„Ich verspreche es dir! Ich verspreche es dir hoch und heilig! Ich lass dich nicht allein!“ Und sie würde ihr Versprechen halten. Sie würde einen Weg finden. Denn jetzt war jemand da, der ihr helfen konnte. Seit ein paar Tagen arbeitete Rosie in der Küche, nachdem sie sich auf einem der Höfe so dumm angestellt hatte, dass beinahe die Scheune und mit ihr fast die gesamte Kartoffelernte verbrannt war.

„Was ist denn mit unserem kleinen Dummerchen los?“, fragte Schwester Karla, die sich einen Weg durch die Ranken bahnte.

„Sie wäre beinahe von einer Hornisse gestochen worden“, sagte Lilly und gab Veva frei, die sich schniefend mit dem Handrücken über das Gesicht wischte.

„Ach du meine Güte!“, rief Karla. „Wie gut, dass ich immer in der Nähe bin. Was da hätte passieren können. Aber jetzt schnell zurück nach Hause, genug gearbeitet für heute. Bald gibt es schon Abendessen!“

„Versprochen!“, flüsterte Lilly während sie Veva den Korb in die Hand drückte.

„Oh, schon wieder leer!“, rief Rosie überrascht und äugte in die Kanne. „Ich hol gleich Nachschub.“

„Ja danke“, sagte Lilly. „Ich warte.“

Sie stand mit ihrem Becher vor dem Büffet und sah sich müde um.

„Da bin ich schon wieder. Hier, bitte sehr, und schön austrinken. Das ist gesund.“

Lilly konnte an der Farbe der Flüssigkeit sehen, dass Rosie begriffen hatte, obwohl sie es ihr nur im Vorbeigehen hatte zuflüstern können. In ihrem Becher befand sich pures Wasser, und Lilly trank ihn in einem Zug leer. Schwester Karla sah ihr zufrieden lächelnd zu.

„Sieh doch nur!“, rief Kathie, und Lilly drehte sich um.

Sebastian lief durch dicken Nebel eine Straße entlang. Er trug seine Uniform und wirkte abgemagert. Auf einer kahlrasierten Stelle an seinem Kopf, klebte ein Pflaster.

„Sebastian!“ Lilly wurde von einem solchen Glücksgefühl überwältig, dass ihr die Tränen aus den Augen strömten. Als hätte er sie gehört, blieb er kurz stehen, bevor er mit versteinertem Gesicht weiterging und in der Dunkelheit verschwand.

„Jetzt ist es entschieden“, sagte Kathie, und Lilly stand auf einer Wiese. Der Mond schien so hell, dass die Obstbäume scharfkantige Schatten warfen. Lilly rannte barfuß durch das Gras, das wie mit Fingern über ihre nackten Waden strich. Sie trat auf ein paar verfaulte Äpfel und wäre fast ausgerutscht. Das Baby in ihrem Bauch regte sich.

Sie musste Veva helfen, die vor ihr her torkelte, als wäre sie betrunken. Aber so sehr sich Lilly auch anstrengte, sie konnte sie nicht einholen. Der Schweiß lief ihr über den Rücken, und sie bekam kaum noch Luft. Doch sie musste Veva von hier fortbringen, denn hinter dem Mädchen schlängelte sich zischend eine Schlange durchs Gras. Lilly wollte sie rufen, warnen, aber die Zunge klebte ihr am Gaumen, und sie brachte keinen Ton hervor.

Abrupt blieb Veva mit gesenktem Kopf stehen. Ihre Schultern bebten.

„Veva?“ Vor Angst zitternd legte Lilly ihr eine Hand auf die Schulter. „Veva?“

Veva drehte sich zu ihr um. In den Armen hielt sie ein Bündel umklammert.

„Mein Baby“, flüsterte sie. „Sieh doch nur, was sie getan haben.“ Ihre Augen waren unnatürlich groß, und das Mondlicht warf bläuliche Schatten auf ihr Gesicht.

Lilly starrte auf das Kind an ihrer Brust. In ein winziges, verschrumpeltes Gesichtchen mit leeren Augenhöhlen.

„Es ist tot!“, kreischte Veva, und Lilly spürte den Biss der Schlange an der Ferse.

Die Geburt

„Die einzige Möglichkeit, dich hier rauszuschaffen, ist die nächste Lieferung in die Stadt. Du musst dich auf die Ladefläche schleichen, während ich die Kisten auflade. Ich werde dich regelrecht begraben unter dem Grünzeug und den Äpfeln. Du musst nur dafür sorgen, dass niemand so schnell entdeckt, dass du weg bist. Sonst … du weißt schon“, flüsterte Rosie und rang die Hände.

Sonst würde man den Alarm auslösen und das Tor schließen.

Sie stand mit Lilly hinter dem Schlachthaus. Sie hatten nur ein paar Minuten.

„Also morgen früh?“ Rosie knetete nervös die Finger. Sie hatte es geschafft, dass sie jetzt mit in die Stadt fahren durfte, wenn Waren ausgeliefert wurden. Die beiden Männer, die das bisher zu zweit gemacht hatten, waren faule Säcke und hatten schnell gemerkt, dass die unscheinbare Frau ganz alleine den Laster beladen konnte und wie dazu geschaffen war, das Obst und Gemüse den Dienstmägden der feinen Herrschaften in die Körbe abzufüllen, während sie es sich mit einer Zigarette gemütlich machen konnten. *Schön dämlich, diese Alte.*

„Ich kann nicht ohne Veva gehen.“ Lilly schüttelte den Kopf. „Ich kann nicht.“

Rosie sank das Herz vor Enttäuschung. Es war vollkommen unmöglich, auch noch eine Schwangere im achten Monat mitzunehmen. Und selbst wenn sie es schaffen würden, spätestens in der Stadt würden sie

Aufsehen erregen. Und an jeder Ecke Miliz, die überall patrouillierte. Es war unmöglich! Aber sie wusste, dass Lilly Veva niemals im Stich lassen konnte, auch wenn es ihr eigenes Leben kosten würde.

„Und all die anderen, ich kann sie nicht zurücklassen."

Du kannst ihnen hier drin auch nicht helfen, dachte Rosie frustriert, aber sie schwieg.

„Vielleicht sollte ich mir den Plan mit dem Kleinbus doch noch mal genauer überlegen."

Das hatte Rosie schon getan und war zu dem Schluss gekommen, dass es völliger Wahnsinn war. Den Schlüssel für den Bus zu klauen, war ja noch machbar. Es hatten sich inzwischen alle an die stumm vor sich hinarbeitende Frau gewöhnt, die wie eine Fliege überall herumschwirrte. Der Schlüssel war nicht das Problem. Aber zwölf Frauen und Mädchen, ein paar davon hochschwanger, unbemerkt in den Bus zu quetschen, bis vor das Tor zu rollen, dem Wächter eins über den Schädel zu ziehen und sich anschließend in Luft aufzulösen, war selbst für Rosie eine unlösbare Aufgabe.

„Wir brauchen Hilfe, am besten eine Armee", seufzte sie.

Lilly nahm sie in die Arme. „Wir schaffen das, ich weiß es." Ein Gefühl der Wärme durchströmte sie, während sie Rosies Rücken streichelte. Oh Gott oder wer du auch bist, ich danke dir, dass sie hier ist.

Rosie sah ihr hoffnungsvoll in die Augen. „Hast du denn etwas … gesehen? Also, ich meine, außer, dass der Wolf überlebt hat?"

„Nein", sagte Lilly. Doch sie verspürte eine innere Zuversicht, wenn sie an die Zukunft dachte, ein Vertrauen, das ihr half, nicht verrückt zu werden.

Männerstimmen näherten sich, und Rosie wich zurück. „Es wird mir schon noch etwas einfallen, ganz bestimmt", flüsterte sie und eilte davon.

„Ich werde es beschützen", brummte der Bär.

Lilly blickte zu ihm hinab wie durch ein umgedrehtes Fernrohr. Der Grund der Grube schien unendlich weit entfernt, und doch konnte sie erkennen, was er zwischen den Pranken hielt. Ein Kind.

„BESCHÜTZEN!" Er brüllte ohrenbetäubend, und Lilly wurde unsanft wachgerüttelt.

„Du musst mich beschützen! Lilly, oh Gott, hilf mir!" Veva stand vor ihrem Bett. Das Gesicht tränenüberströmt und verzerrt vor Schmerz.

„Veva! Was ist denn? Was ist …"

Veva klammert sich stöhnend an ihr fest, und Lilly begriff. Sie hatte Wehen. Zu früh, viel zu früh, und alle Hoffnung, sie noch irgendwie fortzubringen, erlosch.

Lilly half ihr, sich aufs Bett zu setzen. Das Nachthemd klebte schweißnass an ihrem Körper. Lilly setzte sich zu ihr und strich ihr die feuchten Haare aus der Stirn.

„Lilly, du hast es versprochen. Hilf mir!", stammelte Veva und krümmte sich vor Schmerzen.
„Aber ich weiß nicht, wie! Das Baby kommt, Veva, ich kann dir jetzt nicht helfen." Tränen der Verzweiflung sammelten sich in Lillys Augen, und zornig wischte sie sie weg.

„Doch! Du kannst!“ Veva funkelte sie an. „Du hilfst mir jetzt, das Baby zu gebären, und dann laufen wir einfach weg.“

Lilly wusste nicht, was sie sagen sollte. Abgesehen davon, dass sie noch nie bei einer Geburt geholfen hatte und es in diesem Zimmer rein gar nichts gab, das irgendwie hilfreich wäre, war eine Flucht nach wie vor unmöglich. Jede Nacht hielt eine Schwester Wache vor dem Ausgang. Und im Dorf patrouillierten die Männer, die man tagsüber kaum zu Gesicht bekam. Das Tor war geschlossen und der Zaun unüberwindbar.

„Veva, das schaffen wir nicht, und wir können nirgends hin, das weißt du doch.“

„Du hast es versprochen! Du hast es mir …“ Veva schnappte nach Luft, und dann rollte sie, vor Schmerzen schreiend, vom Bett. Mit dem Arm streifte sie das Tischchen, das samt der kleinen Lampe kippte und krachend zu Boden stürzte.

„Es tut so weh! Lilly, ich will nicht sterben!“, schluchzte sie und biss sich in die Faust.

„Beruhige dich, Veva. Du wirst nicht sterben. Komm, ich helfe dir auf.“

Hinter ihnen flog die Tür auf. „Was ist hier los?“ Schwester Karla stürmte ins Zimmer und blieb wie angewurzelt stehen.

Schläft sie in ihren Kleidern? Lilly hatte keine Zeit sich darüber zu wundern, denn sie wurde unsanft bei Seite geschubst.

„Kind, Kind, Kind“, murmelte Karla vorwurfsvoll. „Was machst du denn für Sachen? Ihr wisst doch, wie ihr euch verhalten sollt, wenn Wehen auftreten!“

„Fass mich nicht an!“, fauchte Veva wie eine in die Enge getriebene Katze, als Karla sie aufrichten wollte.

„Wie du willst.“ Karla drehte sich um und verließ das Zimmer.

„Schnell, schließ die Tür ab!“ sagte Veva und krabbelte aufs Bett. „Lass sie nicht rein!“

„Es gibt keinen Schlüssel, das weißt du doch.“ Lilly nahm sie in den Arm. „Veva, du musst jetzt stark sein. Du musst jetzt das Baby zur Welt bringen. Ich bleibe bei dir. Ich verspreche dir, ich weiche nicht von deiner Seite. Ich lasse nicht zu, dass euch etwas passiert.“

„Die lassen dich nicht. Du kannst gar nichts machen.“ Veva sah ihr resigniert in die Augen.

„Veva ich …“

Die Tür flog auf, und Schwester Karla betrat das Zimmer. Begleitet von Schwester Ria und einem kräftigen Burschen, der schlaftrunken blinzelte.

„Geh zur Seite, Lilly“, sagte Karla.

Der Mann trat auf Veva zu, packte sie an den Armen und drückte sie aufs Kissen. Er schien Übung zu haben. „Ganz ruhig bleiben, junge Frau“, murmelte er. „Schön liegen bleiben.“

Veva begann zu kreischen, als sie die Spritze in Rias Hand entdeckte.

„Was ist das? Was macht ihr mit ihr?“ Lilly versuchte, Veva mit ihrem Körper abzuschirmen.

Karla schüttelte verärgert den Kopf. „Ein leichtes Mittel zur Beruhigung, nichts weiter. Sie ist ja völlig hysterisch und wird sich und ihr Kind noch in Gefahr bringen. Und das will niemand hier. Du ja sicher auch nicht, also?“ Sie wedelte auffordernd mit der Hand.

„Nein! Nein! Ich will nicht! Lasst mich in Ruhe!“ Veva bäumte sich auf, aber sie hatte keine Chance.

„Geh endlich beiseite, Lilly! Wir bringen Veva rüber in die Praxis, da gehört sie jetzt hin."

„Ich komme mit. Ich will dabei sein."

„Na gut, dann komm mit."

Veva entspannte sich ein wenig, und Schwester Ria gelang es, ihr die Spritze zu verpassen. Es dauerte nur einen kurzen Moment, dann verschleierten sich Vevas Augen, und der Mann hob sie aus dem Bett, als wäre sie federleicht.

„Schnell jetzt!" Karla scheuchte die kleine Karawane aus dem Zimmer.

„Tür zu. Hier gibt es nichts zu sehen", rief sie, als sie durch den Flur und das Treppenhaus eilten. Wie von Geisterhand schlossen sich alle Türen.

Lilly folgte ihnen dicht auf den Fersen. Es war nicht weit, aber in ihrem Nachthemd fröstelte sie. Ich hätte mich auch angezogen ins Bett legen sollen, dachte sie mit Bedauern. Sie hatte so eine Ahnung, dass sie länger in dem dünnen Hemd herumlaufen musste.

Als Veva auf dem Behandlungstisch lag, erschien Dr. Pagel. Auch er trug noch seinen Pyjama, über den er seinen Arztkittel gestreift hatte. Seine Augenbrauen zogen sich zusammen, als er Lilly bemerkte, die Vevas Hand umklammert hielt.

„Etwas früh dran, unsere Kleine", sagte er. „Wollen mal schauen."

Lilly beobachtete misstrauisch jeden seiner Handgriffe, während Schwester Karla mit gekreuzten Armen an der Wand lehnte.

„Ach, ich fürchte, man hat uns alle umsonst aus dem Bett gescheucht", sagte er schließlich und fuhr sich durch die Haare. „Das kann noch Stunden dauern. Ich werde mich wieder zurückziehen, und das empfehle ich auch dir, junge Dame. Wir brauchen alle unseren Schlaf. Es reicht, wenn Schwester Karla Wache hält."

„Ich bleibe hier", sagte Lilly.

Dr. Pagel seufzte. „Ach, ihr Schwangeren. Die Hormone spielen verrückt, aber deswegen müsst ihr doch nicht gleich unvernünftig werden. Leg dich wenigstens da auf dem Flur aufs Sofa und ruh dich ein wenig aus. Schwester Karla wird die Tür offenlassen, du wirst also nichts verpassen."

Er warf noch einen Blick auf Veva, die friedlich zu schlafen schien, und schlurfte aus dem Raum. Karla schob Lilly in den Flur. „Du hast gehört, was er gesagt hat. Also leg dich hin."

Lilly setzte sich widerwillig auf die Kante des durchgesessenen Sofas.

Das war das Letzte, woran sie sich erinnerte, als sie am Morgen aufwachte.

Veva! Entsetzt fuhr sie in die Höhe. Jemand hatte eine Decke über sie gelegt, und sie strampelte mit den Füßen, um sie loszuwerden.

Oh Gott! Wieso bin ich eingeschlafen, was ist passiert? Immer noch halb betäubt torkelte sie in das Behandlungszimmer. Der Gedanke, dort nichts als ein blutgetränktes Tuch auf dem Bett vorzufinden, schnürte ihr die Kehle zu.

„Veva!" Sie lag da, in den Armen ein Bündel und lächelte. Tränen der Erleichterung sammelten sich in Lillys Augen.

„Komm, schau ihn dir an", flüsterte Veva, und Lilly beugte sich über die beiden. Ein winziges, perfektes Gesichtchen, die Händchen zu Fäusten geballt, schlummerte das Baby an Vevas Brust. Lilly konnte sich nicht erinnern, wann sie zuletzt ein Neugeborenes gesehen hatte. Es war viele Jahre her.

„Alexander, ich nenne ihn Alexander."

„Was für ein schöner Name!" Lilly fuhr ihm vorsichtig mit dem Zeigefinger über die Wange. So zart und weich und verletzlich.

„Veva, geht es dir gut?"

„Ja, ich glaub schon. Ich habe von der Geburt nicht viel mitbekommen. Es war wie ein seltsamer Traum. Als ob das gar nicht ich wäre."

Sie hat also gar nicht bemerkt, dass ich nicht an ihrer Seite war, dachte Lilly. Sie konnte sich nicht erklären, weshalb sie in einen so tiefen Schlaf gefallen war.

Veva setzte sich auf. „Wir müssen verschwinden, Lilly. Bestimmt kommen sie gleich und nehmen mir Alexander weg."

Bevor Lilly antworten konnte, betrat Dr. Pagel mit Schwester Karla den Raum.

„Na, die frischgebackene Mutter ist ja schon munter", sagte er, und Lilly konnte den falschen Ton in seinen freundlichen Worten körperlich spüren. „Aber wir legen uns jetzt schön wieder hin und den kleinen Mann am besten da in sein Bettchen."

Erst jetzt bemerkte Lilly den Kinderwagen neben dem Bett.

„Mein Baby bleibt bei mir", sagte Veva bockig.

„Du musst noch ein wenig schlafen, Veva." Karla runzelte die Stirn. „Und dann lässt du ihn vielleicht noch fallen."

„Ich schlafe ganz sicher nicht“, erwiderte Veva, obwohl man deutlich sehen konnte, dass sie nur mit Mühe die Augen offenhalten konnte.

Dr. Pagel und Karla sahen sich an, es schien eine Abmachung zwischen ihnen zu geben.

„Na schön, wie du willst. Lilly kann sich auf den Stuhl neben dein Bett setzen und bei dir bleiben. Aber der Junge muss auch schlafen.“ Karla entwand ihr das Baby, und Veva beobachtete misstrauisch, wie sie es in den Wagen legte.

Dann schob sie Lilly den Stuhl neben das Bett. „Gut so? Ist jetzt endlich Ruhe?“

Lilly setzte sich, und Veva nickte.

„Ich bringe euch nachher etwas zu essen“, sagte Karla, bevor sie mit dem Arzt den Raum verließ.

Dann war es still. Veva und Lilly starrten einander an. War das möglich? Waren all die Ängste und Befürchtungen nichts als Hirngespinste? Veva und das Baby waren gesund. Und niemand schien ihnen etwas Böses zu wollen.

„Doch“, sagte Kathie.

„Schaut mal, hoher Besuch“, rief Melanie.

Rosie stellte die Thermoskanne ab und reckte den Hals. Ein schwarzer Wagen glitt vor dem Fenster vorbei, und im Fond saß ein Mann mit auffallend hellen Haaren.

„Wer ist das?“, fragte sie nervös. Sie war zutiefst beunruhigt. Weder Lilly noch Veva waren zum Frühstück erschienen, und niemand wusste, wo sie waren. Aber die Mädchen hatten von Schreien erzählt, die sie in der Nacht aus dem Schlaf gerissen hatten. Rosie malte sich die schrecklichsten Dinge aus.

„Das ist der Neffe des Generals, Lars Braun. Er taucht immer mal wieder hier auf. Keine Ahnung, was der mit den Ärzten zu schaffen hat“, schnaubte eine der Frauen.

Lars Braun. Ja, natürlich! Rosie hatte ihn nur kurz im Gefängnishof gesehen – zusammen mit Sigrid. Das ungute Gefühl in der Magengrube verstärkte sich.

Hat es etwas mit Lilly und Veva zu tun?

Rosie wäre ihm am liebsten nachgeeilt. Doch sie konnte den Saal nicht verlassen, ohne Aufsehen zu erregen. Ihre Hände zitterten, als sie den Frauen den Tee einschenkte.

„Ich hab solchen Durst“, jammerte Veva. „Aber das trinke ich nicht.“ Sie deutete auf die Kanne neben dem Bett.

„Ist wahrscheinlich besser so“, sagte Lilly. „Warte, ich hol uns irgendwo etwas Wasser.“

Vorsichtig öffnete sie Tür. Der Flur war leer. Alle Türen geschlossen, also schlich sie auf Zehenspitzen an der Wand entlang. Sie lauschte an jeder Tür und erstarrte, als sie Dr. Pagels Stimme hörte.

„Die Probandin Nummer dreihundertfünf hat heute Nacht einen Sohn geboren, ganz ohne Probleme. Ich habe Ihnen ja gesagt, das Mädchen ist ein wahres Wunder. Wir können sie jetzt in die Stadt verlegen, als Spenderin ist sie perfekt.“

Lillys Körper wurde zum Eisblock.

„Das geht nicht, wir müssen sie vorerst hier bei Ihnen lassen.“ Lilly erkannte die Stimme. Lars Braun! Der Mann der zusammen mit Sigrid ihre Hinrichtung verhindert hatte.

„Wieso das denn?“

„Ich bin eigentlich gekommen, weil ich Ihnen mitteilen muss, dass wir die Labore in der Stadt vorläufig auflösen müssen …“

„Wie bitte? Die ganze Forschung, unsere Arbeit umsonst? Jetzt, wo wir schon so weit gekommen sind!“ Pagels Stimme überschlug sich.

„Natürlich nicht, aber wir teilen die Labore auf. Hierher und an die anderen Standorte. Es gibt immer mehr Unruhen, und wir können nicht riskieren, dass wir bei einem Anschlag alles verlieren.“

„Klingt vernünftig, aber, ehrlich gesagt, weiß ich nicht, wo wir alles unterbringen sollen. Vor allem müssten wir die Mütter von den Schwangeren trennen.“

„Tun Sie, was nötig ist, aber tun Sie es schnell. In zwei Tagen muss alles erledigt sein. Keine Sorge, ich schicke Ihnen noch mehr Leute. Vor allem muss das Gelände besser bewacht werden, wir müssen auf alles gefasst sein.“

„In zwei Tagen! Na gut, ich denke, das sollten wir schaffen. Nehmen Sie den Jungen heute mit? Sein Blut konnte ich noch nicht testen.“

Lillys Beine begannen zu zittern.

„Ja, ich nehme ihn mit. Die männlichen Babys wollen wir ja möglichst verschonen. Falls es in ein paar Wochen noch nötig ist, bekommen Sie ihn zurück.“

Lilly rannte los.

Veva schlummerte friedlich und stieß einen erschrockenen Schrei aus, als Lilly sie wachrüttelte.

„Was ..."

„Wir müssen sofort verschwinden! Schnell, steh auf!" Lilly hob das Baby aus dem Wagen und wickelte es in das Wolldeckchen.

„Was ist passiert? Lilly, was hast du gesehen?" Vevas Augen waren vor Panik geweitet.

„Keine Zeit jetzt." Lilly half ihr, sich aufzusetzen. Veva trug ein Nachthemd, über das man ihr eine Strickjacke gezogen hatte. An den Füßen kurze Socken. Auch Lilly trug immer noch ihr Nachthemd und ihre Hausschuhe.

„Komm! Kannst du gehen?"

„Ich glaub schon. Gib ihn mir." Veva taumelte.

„Nein, ich werde ihn tragen. Komm, leise."

Lilly öffnete die Tür, gefasst darauf, dass eine der Schwestern oder Dr. Pagel davorstand. Ihr Herz pochte laut. Aber der Flur war leer, und sie blickte besorgt auf das Baby in ihren Armen, das immer noch friedlich schlummerte.

Bitte nicht weinen, bitte schlaf weiter, flehte sie innerlich, während sie mit Veva Richtung Ausgang hastete. Es war, als würde eine schützende Hand über sie gehalten, denn auch vor dem Gebäude war niemand zu sehen, die Straße menschenleer.

„Lilly? Wohin sollen wir nur gehen?" Vevas Unterlippe zitterte, ihr Gesicht war leichenblass.

„Der Bär", sagte Kathie.

Das war wohl die einzige Möglichkeit, ein Versteck, das wahrscheinlich längst in Vergessenheit geraten war.

„Wir müssen da rüber in den Wald und dann hinunter zum Fluss. Meinst du, du kannst das schaffen?“

„Für mein Baby kann ich alles schaffen“, flüsterte Veva, und dann rannten sie los.

Im Zimmer war es unerträglich warm. Aber es hatte keinen Sinn, die Fenster zu öffnen. Draußen herrschte eine Hitze, die jeden Atemzug beschwerlich machte. Sigrid nahm nichts davon wahr. Sie stand regungslos im Wohnzimmer und versuchte, ihrer Gefühle Herr zu werden. Noch nie hatte sie eine Angst wie diese verspürt. So bedrohlich und allumfassend, als gerate die Welt aus den Fugen. Aber was sie gänzlich aus der Fassung brachte war, dass sie diese Furcht nicht ergründen konnte. Sigrid konnte nicht sehen, was da auf sie zukam. Sie hatte nur das Wissen, dass etwas auf sie zurollte wie eine Lawine.

„Soll ich heute Abend für zwei Personen kochen?“, fragte Tilda.

Keine Antwort, und Tilda musterte verwundert ihre Chefin, die mit dem Rücken zu ihr stand wie festgefroren.

So eine schöne Frau, dachte Tilda. Auch dass sie wegen der Schwangerschaft so zugenommen hat, steht ihr. Immer wieder von neuem war sie von Sigrid fasziniert. Obwohl Tilda inzwischen am eigenen Leib erfahren hatte, wie gefühllos und rücksichtlos sie sein konnte. Aber Tilda war dankbar, dass sie hier arbeiten durfte, und gab sich alle Mühe. Das war tausendmal besser, als in einer Fabrik zu arbeiten. Falls sie überhaupt noch eine Anstellung bekommen hätte, was Tilda bezweifelte. Und sie hatte ein Dach über dem Kopf. Nur eine kleine Kammer, und doch ein Geschenk des Himmels. Auf ihren Botengängen begegneten ihr immer mehr Menschen, die dieses Glück nicht hatten. Die ihr Zuhause verloren hatten und in irgendwelchen Kellerlöchern hausen mussten. Die ihr hungrig nachsahen, wenn sie mit ihrer Tasche nach Hause eilte. Tilda hatte großes Mitleid. Und sie hasste die Soldaten, die diese armen Menschen wie Ungeziefer verscheuchten, wenn sie zu betteln versuchten. Aber Tilda hätte auch gar nichts abgeben können. Die Lebensmittel wurden knapp.

Sigrid drehte sich zu ihr um und zuckte zusammen.

„Soll ich heute Abend für zwei Personen kochen?“

Sigrid zögerte, und Tilda kam es vor, als lausche sie. Aber es gab nichts zu hören außer dem Gezwitscher der Vögel im Garten.

„Ja, für zwei.“ Sigrids Stimme klang müde, und Tilda verließ leise das Zimmer.

„Was, was zum Kuckuck?“ Dr. Pagel starrte fassungslos auf das leere Bett.

„Was ist los?“, fragte Lars und folgte ihm in das Zimmer.

„Sie ist weg! Mit dem Baby und ihrer Freundin.“

„Verflucht, wie ist das möglich? Wo sind die Schwestern und wo, verdammt, die Männer, die hier aufpassen sollten?“ Lars kochte vor Wut.

„Weit können sie nicht sein, und Sie wissen doch, sie haben keine Chance, das Gelände zu verlassen.“

„Das will ich hoffen!“, schnaubte Lars und stürmte davon. Pagel folgte ihm auf den Fersen. Hoffentlich geschieht ihnen nichts, dachte er. *Es wäre wirklich schade um diesen Rohstoff.*

Lars sah sich hektisch um. Sie konnten nur in den Wald gelaufen sein, auf der Straße würde die gelbe Kleidung leuchten wie Warnschilder. Er rannte los und Pagel hinterher.

„So warten Sie doch“, schnaufte er. „Das ist doch nicht nötig! Ich schlage Alarm, und in kürzester Zeit haben wir die Ausreißer eingefangen.“

Lars hörte ihm gar nicht zu, und Pagel stellte betrübt fest, dass er nicht gut in Form war. Schon die paar Meter hatten ihn völlig aus der Puste gebracht, und als Lars im Wald verschwand, blieb er frustriert stehen.

„Ich mobilisiere jetzt einen Suchtrupp!“, rief er ihm hinterher und drehte um.

Soll er doch machen, was er will, dachte er, während er zurückging. Er hatte diesen Kerl noch nie leiden können. Aber er war der Neffe des Generals, und den mochte er ja eigentlich auch nicht. Aber heutzutage konnte man sich das nicht aussuchen.

Die Bärenfalle

Veva keuchte, sie bekam kaum noch Luft. An ihren Beinen lief etwas Warmes, Feuchtes herab. Sie traute sich nicht nachzusehen.

Ist das Blut? Werde ich jetzt verbluten? Sie hatte unzählige Geschichten gehört, dass die meisten Frauen nach der Geburt verbluteten. Wenn sie nicht schon vorher einfach verschwanden. Vom Erdboden verschluckt, tauchten sie nie wieder auf.

Ich werde nicht verbluten, dachte sie grimmig. *Ich nicht! Ich werde leben, zusammen mit Alexander. Irgendwo. Lilly weiß, was zu tun ist.*

Sie war ihre einzige Hoffnung, denn Veva hatte sonst niemanden. Das wurde ihr wieder schmerzlich bewusst, und mit aller Kraft versuchte sie, die Stiche in die Fußsohlen zu ignorieren. Tannnadeln, spitze Steine, die sich durch die Socken bohrten und sie humpeln ließen. Lilly hatte ihr ihre Hausschuhe angeboten, aber Veva hatte abgelehnt. Lilly hätte sonst barfuß laufen müssen.

„Ist es noch weit?“ Veva rang nach Luft.

„Nicht mehr allzu weit, aber komm, setz dich einen Moment hin.“

Veva ließ sich auf einen großen Stein plumpsen und wischte sich über die Stirn. „Ich will ihn nur für einen Moment halten.“

Lilly legte ihr das Baby in die Arme. Als hätte er seine Mutter gespürt, öffnete Alexander die Augen und sah sie an.

Veva kullerten Tränen über die erhitzten Wangen.

„Er ist so schön! So perfekt.“ Sie streichelte den feinen Flaum auf seinem Köpfchen.

„Ja, das ist er“, sagte Lilly, und alles in ihr, zog sich schmerzhaft zusammen. *Er ist perfekt, und du bist perfekt, ihr seid beide ein Wunder! Und ich weiß nicht, ob ich euch wirklich beschützen kann.*

Furcht und Zweifel schnürten ihr die Kehle zu, doch sie konnte nichts weiter tun, als auf Kathie zu hören. Kathie, ein Geist aus der Vergangenheit oder ihre eigene innere Stimme?

„Als sie mich geweckt haben, da konnte ich ihn stillen. Aber was, wenn das jetzt nicht mehr geht? Lilly, was machen wir dann? Er wird verhungern!“ Veva begann zu weinen.

„Das wird nicht passieren, Veva. Hab ein wenig Vertrauen in deinen Körper. Du machst …“

Der Klang einer Glocke schreckte sie auf.

„Was ist das?“, fragte Veva und sah sich panisch um.

„Die Glocke der Kapelle.“

„Meinst du, es ist jemand gestorben?“

Lilly schüttelte den Kopf. „Selbst, wenn es so wäre, die würden deswegen ganz sicher nicht die Glocke läuten. Nein, das ist ein Zeichen, dass man unsere Flucht entdeckt hat. Komm, wir müssen weiter.“

Veva stand ächzend auf und drückte ihr das Baby in die Arme. „Ich glaube, es ist besser, wenn du ihn wieder trägst.“ Sie fühlte sich so unendlich schwach und müde und befürchtete, jeden Moment umzukippen. Unsicher machte sie den ersten Schritt.

„Aua!“ Vevas Fuß zuckte hoch. Sie war auf ein Feuerzeug getreten. Lilly bückte sich und hob es auf. An den Kanten hatte sich Rost angesetzt, aber zu ihrer

Überraschung funktionierte es noch. War das ein Zeichen, das sie das Richtige tat?

Das Baby begann zu weinen.

Lars schritt langsam durch den Wald. Er blieb immer wieder stehen und lauschte. Irgendwann würde ein knackender Ast sie verraten, über kurz oder lang würde das Baby anfangen zu weinen.

Im Dorf läutete eine Glocke und unterbrach die Stille.

Verflucht!

„Wo willst du hin?“ Rosie blieb stehen. Pohl, einer der Fahrer, mit dem sie die Ware in die Stadt brachte, baute sich vor ihr auf.

Rosie konnte die Frage nicht beantworten, denn sie wusste selbst nicht, wohin sie gehen sollte. Wo suchen. Wie ein kopfloses Huhn war sie aus der Küche gerannt, als endlich das Frühstücksgeschirr abgewaschen wieder in den Regalen stand.

Inzwischen hatte sie es flüstern hören, dass es in der Nacht eine Geburt gegeben hatte. Und Schwierigkeiten.

Was denn für Schwierigkeiten, und wo sind Lilly und Veva? hätte Rosie am liebsten gebrüllt, aber sie wusste, niemand würde ihr antworten. Die Schwestern verhielten sich, als wäre alles in bester Ordnung, und auf Fragen der Mädchen gingen sie gar nicht erst ein.

Besonders beunruhigend fand Rosie, dass der Oberdrache Karla auch nicht auftauchte.

„Bist du über Nacht stumm geworden? Na egal, los, komm jetzt, wir müssen in die Stadt."

„Was, wieso? Wir haben doch erst gestern alles ausgeliefert!"

„Wir sollen auch nichts liefern, sondern etwas abholen." Pohl war zwei Köpfe größer als Rosie und ein Schrank von einem Mann. Er schob sie vor sich her, als wäre sie ein trotziges Kleinkind.

Rosie versuchte, sich zu befreien. „Kann das nicht jemand anders machen? Also ich … ich sollte doch eigentlich jetzt …"

„Nein, du fährst mit! Die anderen müssen alle nach diesen beiden Weibern suchen." Inzwischen hatten sie den Fuhrpark erreicht.

„Weiber?", japste Rosie. „Was denn für Weiber?"

„Anscheinend sind zwei abgehauen", schnaubte Pohl. „Aber glaub mir, weit kommen die nicht. Außerdem, was geht's dich an?" Er wuchtete zwei Säcke mit Äpfeln auf die Ladefläche. Rosie stand da wie gelähmt. Erst, als die Glocke zu läuten begann, erwachte sie aus ihrer Starre. Sie drehte sich um und wollte davonlaufen, aber Pohl packte sie, hob sie hoch und setzte sie wie eine Puppe auf den Beifahrersitz.

„Was bist du denn heute so störrisch", knurrte er und schlug die Wagentür zu.

Bitte, bitte, lieber Gott, hilf mir! Hilf ihnen!

Der Laster rollte davon, und Rosie drehte sich um und blickte zurück. Über den Hügel schob sich ein schwarzes Ungeheuer und starrte sie an. Eine Wolkenfront, so dunkel und dicht geballt wie ein Wesen aus der Hölle.

Lieber Gott, hilf ihnen! betete Rosie erneut.

„Geht es dir gut? Schaffst du es?“, fragte Mattis. Er warf einen besorgten Blick auf Sebastian neben ihm auf dem Beifahrersitz. *Er sieht aus, wie ein wandelnder Leichnam. Noch viel zu schwach um zu kämpfen, aber der Kerl lässt sich ja nicht aufhalten. Er würde alles tun, um seine Freundin zu finden.*

„Ja, es geht mir gut. Mach dir keine Sorgen.“ Sebastian hielt die Augen geschlossen. Er war immer noch nicht ganz bei Kräften und kämpfte gegen ein heftiges Schwindelgefühl. Die Fahrt in dem klapprigen Auto über die kurvenreiche Landstraße voller Schlaglöcher bereitete ihm Übelkeit. Sie fuhren an der Spitze eines Konvois, in dem die meisten Fahrzeuge den Eindruck erweckten, als könnten sie jeden Augenblick auseinanderbrechen. Beladen mit Waffen und Munition. Erbeutet bei überfallartigen Scharmützeln bis weit ins Landesinnere. Die Rebellen waren inzwischen gut gerüstet.

„Und wir werden immer mehr“, hatte Mattis triumphierend erklärt, als er vor zwei Tagen nach einer längeren Tour zurückgekommen war und sich von Sebastians Fortschritten überzeugt hatte. „Die Soldaten, die Ortsvorsteher, alle ergeben sich, als hätten sie auf uns gewartet. Ein paar sind natürlich einfach abgehauen, aber die meisten haben sich uns angeschlossen. Schon bald gibt es niemanden mehr, der für den General den Kopf hinhält. Wir werden diesen Mistkerl in die Hölle schicken! Übermorgen greifen wir die Stadt an. Du wirst dich wundern, wie viele schon rund um das Zentrum bereitstehen."

Wenn das gelingen würde, wären sie frei. Immer noch hungrig, immer noch ohne Plan für die Zukunft, aber wieder voller Hoffnung.

„Und du wirst Lilly ganz bestimmt finden", brummte Mattis und wich einer Bodenwelle aus.

Es klang nicht überzeugt.

Kein Lufthauch. Die Blätter der Bäume schienen sich in der Hitze einzurollen, durch die Baumkronen fiel das Licht in einer unnatürlich gelben Farbe. Als hätte die Welt hohes Fieber.

Lilly überquerte mit Veva die schmale Holzbrücke. Der Fluss führte kaum noch Wasser. Eine schlammige Masse kroch träge zwischen den Pfeilern hindurch. Lilly blickte zum Ufer. Die Gänse waren verschwunden, Kathie stand alleine da – bis zu den Knien im Schlick, sah sie sich traurig um, als hätte sie etwas verloren.

Ihr Leben, das hat sie verloren, dachte Lilly, und ihr Herz verkrampfte sich. Aber sie konnte sich jetzt keine Trauer und Schwäche leisten.

„Wir sind schon fast da", versuchte sie Veva aufzumuntern, die kaum mehr gehen konnte.

„Ja, gut", stammelte Veva. Sie war kreideweiß vor Anstrengung. Die Strickjacke, die sie längst ausgezogen hatte, schleifte sie wie einen schweren Sack hinter sich her.

Lilly hatte das Gefühl, dass ihnen jemand dicht auf den Fersen folgte, auch wenn sie niemanden sehen oder hören konnte. Sie musste sich zusammennehmen, um Veva nicht noch mehr anzutreiben. Es war eigentlich ein Wunder, dass sie es überhaupt so weit geschafft hatte.

Endlich gelangten sie wieder in das schützende Dickicht des Waldes. Lilly sah sich um. *Wohin jetzt?* Es war so lange her, seit sie hier als Kind Beeren gepflückt hatte. Süße, duftende Köstlichkeiten, die die Zunge schwarz färbten und die Finger verklebten. Die nach Sommer und Glück schmeckten. Eine Erinnerung, schwach und leise wie ein fernes Echo.

„Hast du dich verlaufen?", fragte Veva ängstlich.

„Nein", sagte Kathie.

„Nein", sagte Lilly und ging voran.

Vor einem Hang blieb sie stehen. Lilly und Veva starrten auf das Gestrüpp, das alles überwucherte wie die Hecke Dornröschens Schloss.

„Warte", sagte Lilly und legte ihrer Freundin das Baby in die Arme.

„Was hast du vor? Hier ist doch nichts. Hier geht es nicht weiter!"

Lilly packte mit beiden Händen zu und bog die Äste auseinander. Die Stacheln einer Brombeerranke, fühlten sich an wie der Biss eines Hundes. Das Baby in ihrem Bauch regte sich, als spürte es ihren Schmerz. Lilly zog und zerrte, und dann konnte sie die Bretter sehen. Alt, morsch, überwuchert mit vertrocknetem Moos.

„Was ist das?", fragte Veva.

„Ein alter Stollen, von dem sicher niemand mehr weiß. Hier können wir uns erst einmal verstecken." Und überlegen, wie es weitergehen soll, dachte sie verzweifelt. Denn es schien keinen Ausweg zu geben.

Mit aller Kraft schob sie zwei Bretter zur Seite und spähte hinein.

Abgestandene Luft schlug ihr entgegen. Aber da war noch etwas. Ein Geruch nach Verwesung und Tod. Eine Warnung an alle, die diesen Stollen betreten wollten. Lilly fröstelte.

„Du hast keine Wahl", sagte Kathie.

Nein, das hatten sie nicht. „Komm", sagte Lilly und nahm Veva das Baby ab. „Halt dich an mir fest, bleib dicht bei mir."

Veva starrte angstvoll in die Dunkelheit, aber sie gehorchte und zwängte sich durch die Lücke.

„Warte und drück dich mit dem Rücken fest gegen die Wand", sagte Lilly und gab ihr das Kind. „Nicht bewegen! Ich muss die Bretter wieder vor den Eingang schieben, und vielleicht erwische ich noch ein, zwei Äste, um sie zu bedecken."

„Oh Gott, Lilly! Dann wird es hier drin ja stockdunkel!"

„Ein wenig Licht wird sicher noch hereinfallen, und wir haben ja glücklicherweise ein Feuerzeug." Lilly schob die Bretter zurück an ihren Platz, tastete durch den letzten Spalt nach Ästen und zog sie, so gut es ging, davor. Wenn man nicht zu genau hinsah, war der Eingang nicht zu entdecken. Das hoffte sie jedenfalls von ganzem Herzen.

„So, komm, wir setzen uns hin und ruhen uns ein wenig aus."

Diffuses Licht fiel auf Vevas Gesicht, und die schwarzen Ringe unter den Augen ließen es aussehen wie eine Totenmaske. Sie rutschte die Wand entlang auf den Boden. Das Baby jammerte leise.

„Bestimmt hat er Hunger“, sagte Lilly und strich ihr über die Haare. „Du kannst es. Versuch es.“

„Ja, ich kann das“, sagte Veva mit müder Stimme und schob das Nachthemd von den Schultern.

Die Glocke war verstummt, aber jetzt konnte Lars die Rufe der Männer hören, die durch den Wald trampelten wie eine Horde wild gewordener Ochsen.

Idioten! Lars schüttelte den Kopf und lief weiter. Er hatte früher seinen Onkel auf die Jagd begleitet und gelernt, dass man leise sein musste. Leise und auf Spuren achten, auf kleine Hinweise wie ein abgebrochener Zweig, lauschen auf ein Rascheln oder ein Knistern im Unterholz. Das hatte er getan und jetzt eine Spur gefunden.

Herausgerissene Fäden aus gelber Wolle, die sich an verdorrten Ästen am Boden verfangen hatten. Auf der Brücke Fußabdrücke in der dicken Staubschicht.

Abdrücke, schmal und zierlich, wie nur Frauen sie hinterlassen konnten. Wenn man nur genau hinsah, war es so einfach, ihrer Spur zu folgen. Es war klug von ihnen, sich hier zu verstecken. Manch eine wäre in ihrer Verzweiflung Richtung Tor gelaufen oder hätte versucht, den Zaun zu überwinden. Dann wäre die Sache längst vorbei gewesen. Aber hier, hier hatten sie eine kleine Chance. Wenigstens für kurze Zeit.

Für einen Moment tauchte ein Bild in seinem Kopf auf. Vage, von einer ihm fremden jungen Frau, die ein Baby umklammernd durch den Wald flüchtete. Wie ein gehetztes Tier. Und für eine Sekunde verspürte er Mitleid. Für einen kurzen Augenblick dachte er daran, dass er selbst bald Vater werden würde. Aber er konnte sich solche Gefühle nicht leisten und schob sie beiseite. Hier ging es nicht um ein einzelnes Schicksal. Es ging um den Fortbestand eines Volkes, und dafür mussten Opfer gebracht werden. So brutal es wirken mochte, der Weg, den sein Onkel und die Wissenschaftler eingeschlagen hatten, war richtig. Die einzige Möglichkeit.

In der Baumkrone über seinem Kopf keckerte eine Elster, und Lars ging entschlossen weiter.

Sigrid lag angezogen auf dem Bett und lauschte. *Schüsse, das waren ganz eindeutig Schüsse.*

Hier, in der Stadt? Das war unmöglich.

Also doch nur in ihrem Kopf. Eine Ahnung, eine Warnung vor dem, was auf sie zu kam? Sigrid konnte es nicht sagen. Sie fühlte sich blind wie ein Maulwurf. Sie zog sich die Decke über den Kopf. Doch die Furcht kroch darunter und legte sich auf sie, schwer wie ein Felsbrocken.

Hier geht es nicht weiter.

Lars stand vor einem Abhang, dessen steile Flanke überwuchert war mit Brombeerranken und stacheligen Büschen. Weiter oben war ein Teil des Hangs abgerutscht, und nackte Baumwurzeln baumelten in die Tiefe.

Unüberwindbar mit einem Neugeborenen. *Also wohin jetzt?* Lars sah sich um. Ein dumpfes, drohendes

Grollen ließ ihn aufblicken. Der Himmel hatte sich verfinstert, und ein einzelner, großer Tropfen klatschte ihm ins Gesicht.

Auch das noch. Ein Gewitter! Er überlegte, ob er umkehren und die Suche den anderen überlassen sollte, als sein Blick auf eine Unregelmäßigkeit fiel. Etwas Unnatürliches in dem wirr wuchernden Gestrüpp. Er ging näher, und dann konnte er deutlich erkennen, dass jemand die Zweige verbogen hatte. Er schob sie beiseite.

Sieh mal an, was haben wir denn hier? Das war eindeutig der Eingang in eine Höhle. Nettes Versteck, und fast hätte er es übersehen.

„Hallo da drin!“, rief er und machte sich daran, den Eingang freizulegen.

Veva war eingeschlafen. Aus ihrem halboffenen Mund drang ein leises Schnarchen. Sie war zutiefst erschöpft. Lilly hielt das Baby in den Armen und wiegte es. Der kleine Junge schien genauso tief zu schlafen wie seine Mutter. Lilly lehnte den Kopf an die Wand und kämpfte gegen eine bleierne Müdigkeit. Das Bedürfnis, nur für einen kurzen Moment die Augen zu schließen, wurde übermächtig. Ihr Kinn sank auf ihre Brust.

Ein lautes Brummen schreckte sie auf.

„Das ist der Bär“, sagte Kathie.

Lilly spähte in die Tiefe des Stollens. Aber da war nichts als Finsternis und das Brummen und Stöhnen, das von den Wänden hallte. Ein Klagelied, das außer ihr niemand hören konnte. Oder doch? Das Baby zappelte, und erst als sie ihm sanft übers Köpfchen strich, beruhigte es sich.

Lillys Gedanken schweiften zurück in die Vergangenheit. Sie versuchte, sich das Gesicht des Mannes in Erinnerung zu rufen, der jetzt dort unten lag. Sie schaffte es nicht, stattdessen schob sich ein Bild von im Wasser treibenden Knochen vor ihre Augen. Denn das war es, was dort unten lag.

Das wütende Brummen dröhnte in ihren Ohren, und aus der Ferne erklang ein dumpfes Grollen.

Etwas schabte über die Bretter, und ein Lichtstrahl fiel auf Lillys Gesicht.

„Hallo da drin!“, rief eine Männerstimme.

„Bring ihn zu mir!“, brüllte der Bär.

„Was zum Teufel ist hier los?“ Pohl trat so heftig auf die Bremse, dass Rosie vom Sitz rutschte. Fassungslos blinzelte er durch die Windschutzscheibe.

„Das sind Barrikaden“, sagte Rosie, nachdem sie sich vom ersten Schreck erholt hatte.

„Das sehe ich auch! Aber was, verflucht, soll das?“

Rosie konnte ihm keine Antwort geben, aber ein Hauch von Freude und Hoffnung keimte in ihr auf. Die Barrikade, die die Straße zum Krankenhaus blockierte, sah nicht gerade professionell aus. Im Grunde war es nur ein wirrer Haufen aus eilig zusammengeschobenen Dingen. Über zwei Autos, die wohl kaum mehr fahrtüchtig waren, hatte man Bretter, Kisten, Fässer und allen möglichen Unrat gestapelt. Das Militär würde den Haufen leicht überwinden.

„Sieht so aus, als würden jetzt auch schon in der Stadt ein paar Leute frech“, knurrte Pohl und warf den Rückwärtsgang ein. „Das wird ihnen nicht bekommen, das kann ich dir sagen. Verflucht, hoffentlich sind die Seitenstraßen noch frei!“

Als er wendete, konnte Rosie gerade noch ein Gesicht sehen, das hinter der Barrikade auftauchte. Ein alter Mann, der ihnen grimmig nachstarrte.

Rosie winkte ihm verstohlen zu.

Lieber Gott, hilf ihnen!

„Halt dich an mir fest. Bleib ganz dicht bei mir“, flüsterte Lilly.

Schritt für Schritt schoben sie sich an der Wand entlang in die Tiefe des Stollens. Fort aus dem diffusen Licht, das nun von außen hereindrang. Die dunkle Silhouette eines Mannes stand reglos beim Eingang. Seine Augen mussten sich erst an die Dunkelheit gewöhnen.

„Ich weiß, dass ihr da drin seid!“, rief Lars, und Lilly spürte, wie Veva zusammenzuckte.

„Einfach weitergehen“, flüsterte sie. Lilly wusste mit einem Mal, was zu tun war. Und sie zweifelte nicht daran, dass sie es konnte. Es war grausam, aber sie war nun bereit, alles tun, um Veva und das Baby zu retten.

„Macht es euch doch nicht unnötig schwer! Wo wollt ihr denn eigentlich hin? Kommt jetzt raus da, und dann gehen wir zusammen zurück nach Hause. Ihr müsst doch inzwischen halb verdurstet sein, und was ist mit dem Baby? Denkt ihr denn gar nicht darüber nach?“

Oh, doch, genau das tun wir, dachte Lilly zornig. Sie stieß mit den Zehen an ein Brett, das auf dem Boden lag, und der Bär verstummte.

„Ich kann kaum mehr etwas sehen, oh Gott Lilly, wo willst du denn hin?“, jammerte Veva leise. „Ich habe solche Angst.“

Veva konnte sich kaum auf den Beinen halten, und jeder Schritt verstärkte das Gefühl, auf einen Abgrund zuzugehen. Einen Abgrund, den sie nicht sehen konnte. Nur riechen und spüren, wie die Feuchtigkeit der Wand an ihrem Rücken. Das Rauschen von Regen hörte sich an wie aus einer anderen Welt.

„Jetzt kommt doch zur Vernunft!“, rief Lars. Wütend starrte er in den Stollen. Dunkel, stinkend und schmutzig, und wie es aussah, musste er nun dort hinein und die dummen Gänse einfangen. Dicke Regentropfen klatschten ihm auf den Rücken, als er sich bückte. „Verflucht!“

Nach zwei Metern konnte er wieder aufrecht stehen, ohne sich den Kopf zu stoßen. Anscheinend war ein Teil der Decke eingestürzt.

Hoffentlich bricht der ganze Dreck nicht über mir zusammen, dachte er besorgt. Vielleicht sollte er lieber hier verschwinden?

Ein leises Scheppern, nicht weit entfernt von ihm.

Na gut, also machen wir dem jetzt ein Ende.

„Was war das?“, fragte Veva flüsternd.

„Hier kannst du dich hinsetzen.“ Lilly tastete mit den Händen über den Boden. „Eine Blechschachtel“, sagte sie leise. „Das war nur eine Schachtel mit altem Schmuck.“ Sie schob sie mit dem Fuß beiseite und legte Veva das Baby in die Arme.

„Du musst mir jetzt gut zuhören“, flüsterte sie. „Du bleibst hier sitzen und zählst in deinem Kopf bis zehn. Und dann fängst du an zu schreien, mach so viel Krach, wie du nur kannst!“

„Aber wieso? Ich verstehe nicht. Er hat offenbar kein Licht dabei, also kann er uns nicht sehen. Wieso soll ich dann …“

„Tu es einfach, Veva.“

Veva wollte nach ihr greifen, aber sie war fort. Lilly war verschwunden. Veva unterdrückte die Panik die in ihr aufloderte, wie eine Stichflamme. Lilly beschützt uns, sie weiß, was zu tun ist, versuchte sie sich zu beruhigen. Und dann begann sie zu zählen. Eins, zwei, drei …

„Da bist du ja“, sagte der Bär. Lilly ließ sich auf die Knie fallen und tastete nach den Brettern über der Grube. Als sie den Kopf drehte, konnte sie Lars sehen. Ein verschwommener Umriss, der sich langsam, Schritt für Schritt auf sie zu bewegte.

„Verschwinde, du Mistkerl! Hau du Schwein! Lass uns in Ruhe!“ Veva kreischte wie am Spieß, und als wolle ihr Sohn sie unterstützen, begann nun auch das Baby zu schreien.

Hastig schob Lilly die Bretter zur Seite. Sie keuchte vor Anstrengung. Veva schrie immer noch und übertönte jedes Geräusch.

„Hör auf zu kreischen, verdammt noch mal!“ Jetzt brüllte auch Lars und beschleunigte seine Schritte. „Bist du vollkommen übergeschnappt? Schluss jetzt mit diesem Theater. Kommt endlich her!“

Inzwischen hatte ihn der Zorn gepackt. Was für ein Affentheater, und eigentlich war es sowieso nicht seine Aufgabe, sich mit einem solchen Mist herumzuschlagen. Er dachte an Sigrid und daran, dass er ihr hiervon ganz bestimmt nichts erzählen würde. Sie würde sich noch mehr dagegen sträuben, ein Zimmer in diesem verfluchten Dorf zu beziehen.

Was Tilda heute wohl für uns gekocht ...

Sein Fuß trat ins Leere, und bevor sein Verstand einsetzen konnte, stürzte er in die Tiefe. Als er bäuchlings im Wasser landete, bohrte sich etwas in seine Brust. Er kreischte vor Schmerz und schlug wild mit den Armen um sich. Seine Hände suchten nach Halt, und er griff zu, als etwas seine Handflächen berührte. Ein Ast? Es fühlte sich so seltsam an wie die eisige Kälte, die ihm nun durch den Körper strömte. *Ein Knochen?*

Er konnte es nicht erkennen. Das Einzige, das er wahrnehmen konnte, war eine absolute Finsternis, die auf ihn herabsank wie ein schwarzes Tuch. Und eine leise Stimme an seinem Ohr.

„Willkommen."

Hoher Besuch

Tilda musterte das rohe Stück Fleisch, das vor ihr auf dem Teller lag. Zäh und trocken und eine viel zu kleine Portion für zwei Personen. Aber das war alles, was sie heute bekommen hatte. Es gab nichts mehr. Wenigstens hatte sie noch genug Kartoffeln im Haus, auch noch Karotten. Sie überlegte, was sie daraus zaubern könnte, und versuchte, nicht an den morgigen Tag zu denken.

Und daran, dass sie wohl bald verhungern würden.

Ein krachender Schlag direkt neben dem Haus, den sie körperlich spüren konnte, ließ sie aufschreien. Angstvoll spähte sie aus dem Küchenfenster. Es war erst fünf Uhr nachmittags, aber es schien, als wäre die Nacht hereingebrochen. Im Garten krümmten sich die Äste der Bäume im Wind wie Finger, die irgendwo Halt suchten. Wie ein gezackter Speer zuckte ein neuer Blitz vom Himmel, und Tilda kniff geblendet die Augen zusammen. Ein Donnerschlag ließ die Gläser im Schrank vibrieren, und dann prasselte ein Sturzregen vom Himmel, als wäre das Ende der Welt gekommen.

Tilda konnte keine drei Meter weit mehr sehen. Der seit Wochen ausgetrocknete Boden konnte das Wasser nicht aufnehmen, schon bildeten sich erste Tümpel auf dem Rasen. Der Lärm des Niederschlags schluckte alle anderen Geräusche, und Tilda hatte einen Moment das Gefühl, der letzte Mensch auf Erden zu sein.

Eigentlich wäre das ja gar nicht so schlecht, dachte sie, aber jetzt hatte sie erst mal andere Sorgen.

Missmutig griff sie nach einer Gabel und stach in das Fleisch.

Rosie suchte unter dem Vordach Schutz vor dem sintflutartigen Regen. Pohl hatte den Lastwagen rückwärts vor die Rampe des Krankenhauses geparkt und, so, wie es aussah, war fast alles eingeladen. Sie hatten ihr Ziel nur mit Mühe und vielen Umwegen erreicht. Denn überall in den Straßen waren Barrikaden aufgetaucht wie Maulwurfshügel auf einem Feld. Und es gab Schießereien. Rosie konnte sie hören wie ein fernes Geistergefecht.

Sie war hin- und hergerissen. Das alles deutete auf einen Aufstand hin, und wären Lilly und Veva nicht gewesen, hätte sie die erstbeste Gelegenheit genutzt, um zu flüchten. Sie musste zurück, aber vielleicht war der Aufstand ja schon bis zum Dorf gelangt.

„Hier, rauch doch mal eine. Die Rückfahrt könnte ungemütlich werden." Pohl hielt ihr eine krumme Zigarette unter die Nase.

„Nein, danke. Du weißt doch, dass ich nicht rauche."

Pohl zuckte mit den Schultern und steckte sich die Zigarette selbst in den Mundwinkel. Blinzelnd beobachtete er durch den Rauch die Männer, die die letzten Kisten in den Laster wuchteten.

Was da wohl drin ist? rätselte Rosie. Eigentlich war sie umsonst mitgefahren. Man hatte ihr den Eintritt in den Keller des Krankenhauses verwehrt, und sie hatte untätig zugesehen, wie zwei Ärzte in weißen Kitteln ein paar Hilfskräfte herumscheuchten. Kisten aus

Metall, schwere Koffer und ein paar Behälter, aus denen ein feiner Nebel stieg, wurden nach Pohls Anweisungen eingeladen und gewissenhaft von ihm mit Gurten gesichert.

„Wenn du nicht ohnehin so dünn wärst, müsstest du auf der Rückfahrt im Laderaum nach Hause fahren." Pohl grinste sie an.

„Wieso das denn?"

Mit der Zigarette deutete er auf einen Milizsoldaten, der die ganze Zeit mit dem Gewehr im Anschlag in der Ecke gestanden hatte.

„Begleitschutz, werte Dame. Wir bekommen Begleitschutz."

Rosie musterte den Mann, der keine Miene verzog. Ein junges Kerlchen, das seine Sache ernst nahm.

Rosie schwante Übles.

Das monotone Rauschen des Regens brachte sie fast um den Verstand. Sigrid konnte nicht mehr klar denken. Sie fühlte sich leer und ausgeliefert. Denn etwas war ihr genommen worden. Lars war tot.

Diese Gewissheit hatte sie aus ihrem unruhigen Dämmerschlaf gerissen. Als sie die Augen geöffnet hatte, schwebte noch für einen Moment wie ein Nebelhauch das bösartige Grinsen ihres Vaters vor ihr im Raum. Ihre Pläne waren zerstört, zerbrochen wie Glas. Ihre Zukunft lag wie ein Minenfeld vor ihr. Ohne Lars´ schützende Hand war sie machtlos. Ein Niemand. Man würde sie fortschaffen, so wie die anderen Schwangeren, und ihre Lüge auffliegen.

Die Türglocke ließ sie zusammenzucken. Tildas eilige Schritte ertönten und dann eine wohlbekannte Stimme. Elric Braun.

Wie ferngesteuert trat Sigrid vor den Spiegel, richtete die zerknitterte Bluse und strich sich übers Haar. Eine leichenblasse Schönheit starrte sie ängstlich an, und sie wandte sich ab.

Der General saß in einem Sessel im Wohnzimmer und nahm von Tilda ein Glas entgegen, dessen Inhalt goldgelb schimmerte. Cognac, von dem es nur noch eine einzige Flasche im Haus gab. Als er Sigrid sah, erhob er sich und ergriff ihre Hand.

„Geht es dir gut? Wie schön du bist! Ich kann gut verstehen, dass Lars ganz närrisch nach dir ist. Komm, setz dich doch."

Sigrid setzte sich auf die Kante des Sofas. Er weiß es noch nicht, dachte sie. *Er weiß noch nicht, dass Lars tot ist.*

„Kann ich Ihnen auch etwas bringen?", fragte Tilda. Sie war sichtlich nervös. Es kam selten vor, dass der General sich in dieses Haus bemühte.

„Ein Glas Wasser, bitte", erwiderte Sigrid und wunderte sich darüber, dass ihre Stimme völlig natürlich klang.

„Was führt Sie zu uns, General?" Sie hatte ihn noch nie anders genannt. Niemand tat das, nicht einmal Lars. Diesen Mann Onkel zu nennen, war völlig unmöglich. Es hätte aus ihm einen Menschen gemacht.

„Nun, verschiedene Gründe", sagte er und nippte an seinem Glas. „Leider alle nicht sehr erfreulich. Aber sei versichert, wir bekommen das in den Griff."

Sigrid schwieg und sah ihn erwartungsvoll an.

„Es hätte nicht passieren dürfen, aber zwei Frauen sind aus unserer Obhut mit einem Neugeborenen geflohen. Lars hat sich an der Suche beteiligt und ist seitdem verschwunden.“

Umgekommen, das ist passiert! Sigrid presste die Lippen zusammen.

„Er wird sicher bald wiederauftauchen, aber leider muss die Suche bei diesem Unwetter eingestellt werden. Aber mach dir bitte keine unnötigen Sorgen. Lars wird irgendwo Unterschlupf finden. Ich werde mich morgen früh selbst um diese Schlamperei kümmern.“ Er hielt sie mit seinem Blick fest.

Sigrid machte ein besorgtes Gesicht und legte sich schützend die Hände auf ihr kleines Bäuchlein. „Es ist ihm doch hoffentlich nichts passiert?“

„Aber nein, er hat sich wohl einfach verlaufen, und außerdem steht das Gebiet unter der Aufsicht meiner Leute. Und da kommen wir schon zum nächsten Punkt. Ich bin sicher, du hast die Schüsse auch hier gehört. Bedauerlicherweise gibt es Unruhen in der Stadt, und wir wissen nicht, was da alles auf uns zukommt. Aber wie gesagt, keine Sorge. Pack schon mal einen Koffer, denn morgen früh wirst du mich begleiten und den Rest deiner Schwangerschaft in einem Mutterdorf verbringen. In Sicherheit.“ Er erhob sich so plötzlich, dass Sigrid zusammenzuckte.

„Darf ich?“, fragte er, und bevor sie etwas erwidern konnte, lag seine Hand schwer auf ihrem Bauch.

Sigrid unterdrückte ein Zittern. *Er wird es spüren! Fühlen, dass da nichts ist, und er wird mich auf der Stelle umbringen. Niemand entwürdigt den General mit solch einer Lüge!*

Die Sekunden dehnten sich endlos, bis er endlich die Hand zurückzog und sich wieder setzte.

„Lars hat verantwortungslos gehandelt, als er dir erlaubt hat, hierzubleiben. Aber anscheinend ist es dir bis jetzt gut ergangen und dem Baby auch."

„Ja, es geht uns gut", sagte Sigrid und zwang sich zu einem Lächeln. Der unsichtbare Strick, der ihr die Kehle zugeschnürt hatte, lockerte sich.

Er ist der mächtigste Mensch in diesem Land, dachte sie. *Und doch nur ein ganz gewöhnlicher Mann. Besessen von seinen Idealen, und mein Leben liegt nun in seiner Hand.*

In einem Mutterdorf konnte sie sich nicht mehr gegen eine Untersuchung sträuben. Ihre Gedanken überschlugen sich. Sollte sie eine Fehlgeburt vortäuschen, konnte sie vielleicht den Arzt manipulieren? Gefügig machen? Sigrid versuchte verzweifelt, ruhig zu bleiben. Hatte sie nicht immer einen Weg gefunden?

„Warum diese Dörfer? Weshalb werden die Schwangeren so abgeschottet?", fragte sie und lehnte sich zurück. „Was geschieht mit den Frauen und Kindern? Es wird ja viel gemunkelt."

Elric Braun musterte sie wie einen Kunstgegenstand. Prüfend auf seine Echtheit. „Was hat Lars dir denn erzählt?"

„Eigentlich nichts. Nur, dass es den Wissenschaftlern inzwischen gelungen ist, ein Mittel gegen Unfruchtbarkeit und die Sterblichkeit bei den Schwangeren zu finden."

„Das ist in der Tat so. Aber …" Elric Braun erhob sich, verschränkte die Arme hinter dem Rücken und wanderte durch den Raum. „… dafür müssen leider immer noch Opfer gebracht werden. Opfer, die sehr schmerzlich sind."

„Welche Opfer? Ich verstehe nicht ..." Sigrid umklammerte ihr Glas.

„Natürlich nicht, wie könntest du auch. Aber sicher weißt du, dass für einen medizinischen Fortschritt schon immer Opfer gebracht werden mussten. In den finsteren Anfängen der Heilkunst mussten heimlich Leichen seziert werden, um überhaupt an Wissen über die Funktionsweisen des menschlichen Körpers zu gelangen. Solch ein Frevel wurde damals mit dem Tod bestraft. Trotzdem hat es Männer gegeben, die sich nicht abschrecken ließen, und ihnen haben wir viel zu verdanken. Da stimmst du mir sicher zu. Denn nur so war ein Fortschritt möglich, konnten Heilmittel und Therapien entwickelt werden, wie sie uns heute zur Verfügung stehen. Durch Forschergeist! Und nun stehen wir wieder an einem Wendepunkt. Unser Volk wird aussterben, wenn wir nichts unternehmen! Von diesem Planeten gefegt wie Staub." Er wandte sich zu ihr und musterte sie prüfend.

Sigrid wagte nicht, sich zu bewegen, und konnte erst wieder atmen, als er seine Wanderung fortsetzte.

„Also mussten wir schwere Entscheidungen treffen, zum Wohle unseres Volkes. Wir müssen den Fortbestand sichern und handeln", murmelte er, als führe er ein Selbstgespräch.

„Sie brauchen das Blut", sagte Kathie. Das kleine Mädchen stand in einer Ecke und war klatschnass. Als wäre sie durch den strömenden Regen gelaufen.

Oder aus dem Fluss gestiegen, in dem sie gestorben war.

Lillys kleine Freundin. Sigrids Magen verkrampfte sich. *Was hat das zu bedeuten? Wieso kann ich sie sehen? Ich hatte sie doch schon längst vergessen!*

Elric Braun legte ihr eine Hand auf die Schulter, und Sigrid hätte am liebsten laut aufgeschrien.

„Welche Opfer, hast du mich gefragt. Ich weiß, du wirst das verstehen, denn du bist eine außergewöhnliche Frau. Frei von irgendwelchen Sentimentalitäten.“ Er setzte sich wieder in den Sessel und schlug die Beine übereinander. „Ein großer Dichter hat einmal gesagt: Blut ist ein ganz besonderer Saft. Und das ist es in der Tat. Ich will dich jetzt nicht mit einem wissenschaftlichen Diskurs langweilen – ganz abgesehen davon, dass ich kein Mediziner bin und die Sache nicht so ganz verstehe …“ Er lachte, aber das Lachen erreichte seine Augen nicht. Sie blieben weiter starr auf Sigrid gerichtet. „Kurz und zusammengefasst erklärt: Wir haben dank Blutspenden der wenigen gesunden Probandinnen ein Immunpräparat entwickeln können, das diesem Fluch ein Ende bereiten wird.“

„Sie nehmen ihnen alles“, sagte Kathie, „bis zum letzten Tropfen.“

„Hörst du mir überhaupt zu?“, fragte der General irritiert und drehte sich um, um ihrem Blick zu folgen. „Was ist denn da?“

Sigrid schüttelte den Kopf. „Nichts, da ist nichts. Ich habe nur so konzentriert zugehört.“

„Das ist gut, denn du sollst begreifen, dass diese Opfer notwendig sind. Du gehörst jetzt zur Familie. Und es ist leider so, dass viele der Spenderinnen nicht überleben. Ein hoher Preis, doch wir haben wieder eine Zukunft.“

„Manchmal nehmen sie es auch von den weiblichen Babys“, sagte Kathie, und dann war sie fort.

Sigrid war vollkommen verstört, als sie die entsetzliche Wahrheit begriff. Bisher hatte sie geglaubt, dass man den gebärfähigen Frauen, die nicht zur Oberschicht gehörten, die Kinder wegnahm, um sie in bessere Familien zu geben. Was danach mit diesen Frauen geschah, darüber hatte sie sich keine Gedanken gemacht. Aber jetzt wusste sie es, und sie hatte das Gefühl, jeden Moment den Verstand zu verlieren. Die Frauen dienten als Quelle für ein Immunserum, bis nichts mehr von ihnen übrig war.

Und dieses Ungeheuer sprach darüber, als handle es sich um Laborratten. Oder um Viehzucht!

„In meinem engsten Umkreis sind dank dieser Immuntherapie bereits einige Frauen wieder schwanger geworden und konnten auch gebären. Wie es aussieht, verläuft nach der Behandlung alles normal. So, wie die Natur es vorgesehen hat. Also sind wir auf dem richtigen Weg und werden die Krise überwinden. Und Gott wird uns verzeihen. Denn wir sorgen dafür, dass seine Schöpfung überlebt.“

In seinem engsten Umkreis, ja, natürlich, dachte Sigrid angeekelt und versuchte, ein Lächeln aufzusetzen. *Es gibt eine Auslese für die Immuntherapie. Er wählt die Menschen aus, die ihm nützlich sind und dann auf ewig treu ergeben. Selbst ihre Nachkommen werden wissen, wem sie ihr Leben zu verdanken haben.*

Kathies Stimme war verstummt, aber sie brauchte sie nicht, um zu erkennen, welch größenwahnsinnigen Plan er verfolgte. Dieser Mann wollte eine eigene

Rasse heranzüchten. Eine Heerschar von treuen Dienern.

Sigrid hatte selbst schreckliche Dinge getan, um ihre Ziele zu erreichen. Hatte skrupellos gehandelt, um nicht im Elend unterzugehen, wie die meisten im Land. Und sie war bereit, noch mehr zu tun. Alles, was nötig war, um den Kopf aus der Schlinge zu ziehen. War sie denn wirklich so anders als der General? Besser? Auch er verfolgte gewissenlos nur seine Ziele.

„Du bist so blass, habe ich dich schockiert?“

„Nein, ich verstehe, dass etwas getan werden muss.“ Mehr brachte sie nicht heraus.

Ein Donnerschlag brachte die Scheiben zum Beben, und im gleichen Moment prasselten Hagelkörner vom Himmel. Es hörte sich an wie ein Trommelfeuer.

„Das Unwetter wird dieses Pack nicht aufhalten“, sagte der General und erhob sich. „Es wird höchste Zeit, ich war schon viel zu lange hier. Aber es war mir wichtig, mit dir zu reden. Denk daran, morgen früh hole ich dich ab, und dann bist du in Sicherheit.“

Sigrid reichte ihm wie betäubt die Hand.

Er drückte sie leicht und sah ihr in die Augen. „Bitte sorge dich nicht. Dir und eurem Baby wird nichts geschehen. Ich werde es wie mein eigenes Kind behandeln. Und wenn wir diese lächerliche Revolution niedergeschlagen haben, reden wir über eure Hochzeit.“

„Ja, das sollten wir“, sagte Sigrid. Ihr Mund war völlig ausgetrocknet, und als er gegangen war, konnte sie sich immer noch nicht rühren.

Tilda klopfte und streckte den Kopf durch die Tür. „In einer halben Stunde ist das Essen bereit“, sagte sie.

„Darf ich dann servieren, oder möchten Sie noch warten?“

„Nein, Sie können servieren“, erwiderte Sigrid.

Es ist vielleicht meine Henkersmahlzeit.

Rosie

„Verflucht noch mal!“, brüllte Pohl und riss das Steuer herum. „Entweder, Sie ducken sich jetzt und machen sich unsichtbar, oder Sie schießen zurück! Dank Ihrer bescheuerten Uniform sind wir jetzt zur Zielscheibe geworden.“

Der Lastwagen schlingerte um eine Kurve, und Rosie, die eingeklemmt zwischen den beiden Männern saß, wurde gegen den jungen Soldaten gepresst. Er zögerte, aber dann beugte er den Oberkörper, so dass man ihn nicht mehr sehen konnte.

Scheint kein lebensmüder Held zu sein, dachte Rosie. Eigentlich hätte sie Todesangst verspüren sollen. Es war ein Wunder, dass sie diesen Kugelhagel bislang unbeschadet überstanden hatten. Aber ihr Herz jubelte vor Freude. Es schien, als hätte sich die ganze Stadt erhoben. Menschenmassen strömten durch die Straßen, bewaffnet mit allem, was nur irgendwie zum Kampf taugte. Jung und Alt, Frauen, Männer und ein paar Halbwüchsige. Zerlumpt, abgemagert und verwahrlost, aber alle mit demselben entschlossenen Gesichtsausdruck. Sie würden sich durch nichts aufhalten lassen. Und darunter schwer bewaffnete Männer mit weißen Armbinden, die diesen Strom beschützten und dirigierten. Die gnadenlos alle jagten, die die verhassten Uniformen trugen.

„Wir müssen zur Kaserne“, stammelte der junge Mann. „Wir brauchen Verstärkung, sonst schaffen wir es nicht aus der Stadt, doch die Ware muss unter allen Umständen in Sicherheit gebracht werden!“ Seine

Stimme klang dumpf aus dem Fußraum, und die ganze Situation erschien Rosie plötzlich so verrückt und surreal, dass sie nicht anders konnte.

Sie begann zu kichern. Die Anspannung war übermächtig, und schließlich begann sie hysterisch zu lachen.

„Spinnst du? Bist du jetzt völlig übergeschnappt?“, schrie Pohl und warf ihr einen bösen Blick zu. „Halt die Klappe, und du, du kleiner Feigling da unten, sagst mir jetzt, wo lang! Ich habe verdammt noch mal die Orientierung verloren!“

Der Mann richtete sich auf und spähte umher. Rosie versuchte verzweifelt, wieder die Fassung zu gewinnen, und gab glucksende Geräusche von sich.

„Nach rechts, jetzt müssen Sie abbiegen.“ Er klammerte sich an seinem Gewehr fest wie an einem Rettungsseil. Rosie bekam Mitleid mit dem Soldaten, dessen erste Rasur noch nicht lange zurückliegen konnte.

„Weißt du überhaupt, wie man mit dem Ding umgeht?“, knurrte Pohl. „Wenn nicht, wechseln wir die Plätze. Ich schieße einem Huhn auf hundertfünfzig Meter das Auge aus!“

Rosie hätte beinahe mit einem dummen Spruch reagiert, doch da stockte ihr der Atem. Sie passierten gerade im Schritttempo das Bezirksamt.

Durch den Regenschleier lief ein Soldat mit gesenktem Kopf hinter den Wachleuten vorbei. Auf einer kahlrasierten Stelle am Kopf klebte ein schmutziges Pflaster. Die Haare, die unter seiner Kappe hervorquollen, waren von grauen Strähnen durchzogen. Es war Jahre her, seit sie ihn zum letzten Mal gesehen hatte. Stolz, weil er den Sprung ins

Gymnasium geschafft hatte. Aber Rosie war sich sicher.

Das ist der Wolf! Sebastian!

Er verschwand durch das Portal des Bezirksamts, und Pohl brauste mit Vollgas davon.

„Anhalten!“, kreischte Rosie. „Sofort anhalten!“

Pohl trat auf die Bremse und sah sich hektisch um. „Was? Was ist los?“

„Mir …, mir ist schlecht“, jammerte Rosie. „Lass mich aussteigen, ich muss mich übergeben.“

Pohl sah so aus, als hätte er ihr am liebsten eine gescheuert. „Reiß dich gefälligst zusammen, wir müssen weg von hier! Und wehe, du kotzt mir in den Wagen.“

Rosie rang die Hände. Verzweifelt versuchte sie einen Weg zu finden, um aus diesem Laster zu entkommen. Sie musste zurück zu Sebastian. Ihr war klar, was er an diesem Ort suchte. Eine Spur. Einen Hinweis darauf, was mit Lilly geschehen war.

Wenn ich ihm einfach ins Steuer greife? Wenn ich diesem Grünschnabel das Gewehr entreiße? Ich muss doch etwas tun! Ich ...

Der Knall war ohrenbetäubend.

Um ein Loch auf Pohls Seite breitete sich ein Spinnennetz auf der Windschutzscheibe aus. Der Lastwagen begann zu schlingern, und Rosie wandte den Kopf.

Pohl saß noch immer hinter dem Steuer, die Hände auf dem Lenkrad, aber von seinem Gesicht fehlte die Hälfte. Als Rosie zu schreien begann, kippte sein Körper auf ihre Seite. Mit aller Kraft, vor Entsetzen und Ekel kreischend, versuchte sie die Leiche von sich zu schieben, während der Soldat laut brüllend ziellos aus dem Seitenfenster durch die Gegend schoss. Der Laster verlangsamte seine Fahrt und kam vor einer Barrikade zum Stehen wie ein Zug am Gleisende.

Rosie schnappte nach Luft. *Raus! Ich muss hier raus!*

Sie saß eingepfercht zwischen den beiden Männern. Hinter der Barrikade wurde das Feuer erwidert, und Rosie ließ sich in den Fußraum gleiten.

Glassplitter regneten auf sie herab, während der Soldat schrie wie ein Wahnsinniger und weiterfeuerte.

Das darf doch hier nicht so sinnlos enden! Rosie wischte sich schluchzend die Tränen fort und bemerkte den seltsamen Geschmack auf den Lippen. Im Zwielicht konnte sie ihre Hand kaum sehen, aber es gab keinen Zweifel. Das war Blut! Pohls Blut. Angewidert versuchte sie es an ihrem Pullover abzuwischen. Etwas Schweres stürzte auf sie, und dann war plötzlich alles still.

Sie lag unter dem Körper des getöteten Soldaten und lauschte auf die Schritte, die sich näherten. Ihr Herz raste, als die Fahrertür aufgerissen wurde. Pohls Leiche wurde herausgezerrt und zu Boden geworfen. Es klang, als hätte jemand einen Kartoffelsack fallen lassen, und fast hätte Rosie wieder hysterisch aufgelacht.

Ich muss aufpassen, dass ich nicht noch verrückt werde und durchdrehe, dachte sie und krabbelte ein Stück unter dem toten Soldaten hervor. Eine Gruppe alter Männer zielte mit Pistolen auf sie und musterte sie misstrauisch.

„Hallo, Leute. Wirklich schön, euch zu sehen. Könnte mir jetzt vielleicht mal jemand raushelfen? Man liegt hier ziemlich unbequem.“

In der Dunkelheit plätscherte Wasser. Es kam von dem sintflutartigen Regen, der nicht enden wollte und sich langsam, aber stetig seinen Weg in den Stollen bahnte.

„Mir ist kalt, Lilly", sagte Veva. „Mir ist so schrecklich kalt."

„Komm her." Lilly schlang die Arme um sie und drückte sie an sich.

Veva legte den Kopf auf Lillys Schulter und seufzte tief. „Vor ein paar Stunden haben wir noch geschwitzt. Kommt mir vor, als wäre das schon viel länger her."

„Ja", erwiderte Lilly. „Es fühlt sich an, als wären wir aus der Zeit gefallen."

„Zeit gefallen", murmelte Veva. „Das klingt schön. Dann kann man sich vorstellen, dass, wenn wir hier rauskommen, alles anders ist da draußen. Alles gut."

Lilly drückte ihr einen Kuss auf den Scheitel. Alles gut. Das würde es nicht sein, doch es gab Hoffnung. Woher sie ihre Zuversicht nahm, konnte sie sich selbst nicht erklären. Realistisch betrachtet gab es nicht den geringsten Grund. Man würde die Suche nach ihnen nicht aufgeben. und es gab kein Entkommen aus dem Dorf. Im Augenblick war dieser feuchte Stollen der sicherste Ort. Doch für wie lange? Wie lange konnten sie noch durchhalten? Ohne Wasser und Nahrung?

Lilly machte sich schreckliche Sorgen um Veva, die immer schwächer wurde. Dem Baby schien es gut zu gehen, es schlief fast die ganze Zeit, als spürte es, dass das jetzt das Beste für sie alle war.

„Bist du ganz sicher, dass er tot ist?“, fragte Veva schlaftrunken. „Dass er nicht plötzlich hochgekrabbelt kommt?“

„Ganz sicher.“ Lilly hätte nachsehen können. Noch einmal das Feuerzeug benutzen, von dem sie nicht wusste, wie lange es noch funktionieren würde. Hinunterschauen in die Grube. Doch das war nicht nötig. Der Bär war verstummt, und außer dem Rauschen und Gurgeln des Wassers war alles still. Lilly fühlte keine Reue.

Ich habe zwei Menschen in den Tod geschickt. Dieser verstörende Gedanke schien außerhalb ihres Körpers zu schweben. So, als gehöre er zu einem anderen Menschen. Einem Menschen, den sie gar nicht kannte.

Das ist nun aus mir geworden. Ich bin ein Teil einer Welt, die keine Gnade kennt. Genauso grausam.

„Können wir nicht endlich von hier fortgehen?“, fragte Veva. „Irgendwo hin, wo es nicht so kalt ist?“

„Es ist noch zu früh“, sagte Kathie.

„Es ist noch zu früh“, sagte Lilly. „Schlaf noch ein wenig.“

„Steh auf!“, brüllte Hector Degner und versetzte dem am Boden liegenden Mann einen Tritt in die Seite.

Der zerlumpte Greis versuchte stöhnend, sich mit den Händen gegen die Stiefeltritte zu schützen.

„Hoch mit dir!“

Degner packte ihn am Kragen und stellte ihn auf die Füße. Der Mann war nur noch ein Fliegengewicht und blieb taumelnd stehen. Er war froh, dass er seine Handschuhe trug, und musterte ihn angewidert. *Wahrscheinlich hat er Läuse, Flöhe, oder weiß der Teufel, was noch für Ungeziefer!* Am liebsten hätte Degner ihn auf der Stelle erschossen, so wie seine Mitläufer, die jetzt kreuz und quer auf der Straße lagen.

Doch er wollte ihn mitnehmen zum Verhör. Denn so konnte es nicht weitergehen. Die meisten Rebellen waren ihnen entwischt, sie waren aufgetaucht wie eine Heuschreckenplage und genauso schnell wieder verschwunden. Eine Woge aus Zerstörungswut. Sie waren gut organisiert, und eine dieser Missgeburten, musste jetzt das Maul aufmachen. Ausplaudern, wo sie sich zusammenrotteten. Wo sie Unterschlupf fanden. Und vor allem, woher die ganzen Waffen kamen.

Dürfte kein Problem werden, dachte Degner und schob den Gefangenen in den Jeep. *Dieses Klappergestell wird meiner Behandlung nicht lange standhalten.*

Er warf sich auf den Beifahrersitz.

„Zum Bezirksamt“, knurrte er. „Aber schnell. Ich habe zu tun.“

Sebastian hatte Glück. Er konnte unbehelligt passieren. Er hatte sich schon eine Geschichte zurechtgelegt, denn schließlich war er ja von den Toten auferstanden. Aber einer der Wachleute kannte ihn von früher und hatte anscheinend nichts von dem desaströsen Einsatz gehört.

Unschlüssig stand er in der Eingangshalle und sah sich um. *Wohin jetzt?* Sebastian Blick flog über die Schilder, die unten an der Treppe angebracht waren.

Gefangentrakt, Meldestelle, Verwaltung, Büro der Miliz, Büro des Bezirksleiters. Bezirksleiter, das war es. Denn wenn es jemanden gab, der ihm sagen konnte, was mit Lilly geschehen war, dann dieser Mann, der die Befugnis hatte, Strafen zu verhängen und über Leben und Tod zu bestimmen.

Ob er überhaupt noch in seinem Büro ist? Vielleicht hat er sich längst irgendwo verkrochen.

Der Regen klatschte an die Fensterscheiben, aber die Gefechte, die in der Stadt tobten, waren deutlich zu hören. Sebastian eilte die Stufen hoch.

Hector Degner folgte den beiden Soldaten, die den alten Mann mit sich schleiften wie eine ausrangierte Schaufensterpuppe. Seine Knie schürften über den Boden, und Degner konnte sehen, dass seine Schuhsohlen Löcher hatten. Vor einem der Milizbüros blieben sie stehen.

„Hier?"

Das Büro war leer. Es gab ja auch genug zu tun da draußen. „Ja, bringt ihn rein und setzt ihn auf einen Stuhl."

Der Gefangene musste husten und wäre fast zu Boden gestürzt, wenn Degner ihn nicht festgehalten hätte.

„Besorg uns etwas Wasser", befahl er. „Wir möchten doch eine gepflegte Unterhaltung führen, nicht wahr, alter Mann?" Er klopfte ihm väterlich auf die Schulter. Dann griff er nach einem Stuhl und setzte sich zu ihm. So nah, dass sich ihre Knie berührten.

Der Inhaftierte hob den Kopf und sah zu ihm auf. Helle Augen, eines jedoch so eingetrübt, dass Degner bezweifelte, dass er damit überhaupt noch etwas sehen konnte. Eine jämmerliche Gestalt. Kaum zu fassen, was er vor ein paar Minuten noch zustande gebracht hatte. Eine Axt schwingend, hatte er sich brüllend ins Kampfgetümmel geworfen. Völlig unbeeindruckt von den Kugeln, die ihm um die Ohren pfiffen, und er hatte es tatsächlich geschafft, einen von Degners Leuten an der Schulter zu erwischen und zu entwaffnen.

„Zäher, alter Teufel, aber jetzt bist du hier, bei mir", murmelte Degner.

Der Kerl starrte ihn unbeeindruckt an. Er schien keine Angst zu haben. Degner versetzte ihm einen Faustschlag mitten ins Gesicht. Jeder andere wäre jetzt vom Stuhl gekippt und hätte sich jammernd auf dem Boden gewälzt. Aber nicht dieser Alte. Er klammerte sich mit beiden Händen an der Sitzfläche fest und spuckte das Blut aus, das ihm aus Mund und Nase floss.

Das Klappergestell entpuppte sich als unbeugsames Kerlchen. Das könnte lange dauern.

„Hör zu, alter Mann", sagte Degner freundlich. „Das muss jetzt hier nicht so weitergehen. Du weißt doch, was ich von dir wissen will."

„Ja."

„Wie schön. Und ich dachte schon, du könntest gar nicht sprechen. Aber nun glaube ich, wir können gemeinsam einen Weg finden, wie du aus dieser misslichen Lage herauskommst. Ich bin nicht nachtragend, musst du wissen. Also wenn du einfach nur alle meine Fragen beantwortest, könntest du nach Hause gehen. Wo immer das auch ist.“

Ein trauriges Lächeln verzerrte das blutverschmierte Gesicht des Alten.

„Nach Hause?“, sagte er mit brüchiger Stimme. „Ein Zuhause habe ich schon lange nicht mehr. Auch keine Frau mehr, keine Tochter und keine Enkeltochter. Ihr verfluchten Monster habt mir alles genommen. Ich werde hier drin sterben, das ist mir völlig klar, und wissen Sie was, Sie dämlicher Scheißkerl? Das ist mir vollkommen egal. Ja, und um genau zu sein, das ist mir sogar recht so!“ Er beugte sich vor und spuckte Degner ins Gesicht.

Fluchend wischte sich Degner über die Wange und packte ihn am Hals. „Ja, du wirst sterben! Das hast du richtig erkannt. Aber wie und wie lange das dauert, bestimme ich! Und es wird dir ganz und gar nicht gefallen, alter Mann, was jetzt mit dir passiert!“

Enno Peters saß in seinem Büro und starrte aus dem Fenster in die Dunkelheit. Das unaufhörliche Prasseln des Regens übte eine fast hypnotische Wirkung auf ihn aus. Oder war es der Wein?

Er setzte die Flasche wieder an die Lippen und nahm einen Schluck. Ein grässliches Gesöff. Sauer, muffig und wahrscheinlich längst ungenießbar. Aber er hatte nichts anderes als den Rotwein, den er einem Delinquenten abgenommen hatte, bevor er in den Zellentrakt gebracht worden war.

Der Bezirksleiter säuft im Dienst, dachte er. Na und?

Wer sollte ihn anschwärzen? Anklagen? Es gab andere Probleme. Die Welt da draußen schien im Chaos zu versinken. Fast im Minutentakt wurden neue Gefangene herangeschleppt und in die ohnehin schon überfüllten Zellen geworfen. Man befand es nicht einmal mehr für nötig, das Protokoll einzuhalten und ihm die Inhaftierten vorzuführen oder ihre Personalien aufzunehmen.

Anarchie, es herrscht die blanke Anarchie!

Rülpsend drehte er sich um und starrte auf die Papiere auf seinem Schreibtisch. Ein wildes Durcheinander, schon länger hatte er es aufgegeben, den Schein aufrechtzuerhalten. Sein Titel war nichts als ein Witz.

Bezirksleiter. Ha!

Er war nur eine Marionette, die Befehle auszuführen hatte, und, zum Teufel noch mal, er hatte diesen Posten nie gewollt!

Peters überlegte sich, wie es wohl wäre, wenn er jetzt aufstehen und einfach zur Tür hinausspazieren würde. Hinaus aus diesem verfluchten Gemäuer, das Menschen verschlang wie ein Kannibale und nur den geschundenen Rest ausspuckte.

Einfach fortgehen. Hinaus aus der Stadt, die zum Kriegsgebiet geworden war. Immer weitergehen bis … Nur wohin? Er hatte keine Ahnung, und er musste sich eingestehen, dass ihm dazu der Mut fehlte. Noch war der Kampf nicht entschieden und die verbleibende Lebenszeit von Deserteuren extrem kurz.

Noch ein Schluck. Die Flasche war fast leer. Sein Magen brannte, und er spürte den Alkohol deutlich. Aber statt ruhig zu werden, fühlte er sich noch nervöser und ängstlicher.

Ich werde einfach hier sitzen bleiben und abwarten. Ja, das wird wohl das Beste sein. Abwarten.

Er blickte auf und schoss vom Stuhl hoch. Sein erschrockener Schrei blieb ihm in der Kehle stecken.

Vor ihm stand ein junger Soldat mit gezogener Pistole.

„Bleiben Sie ganz ruhig, dann wird Ihnen nichts passieren."

Peters plumpste auf seinen Stuhl. Das war kein Soldat, das war einer der Rebellen, und nun war er sich sicher, dass seine letzte Stunde geschlagen hatte.

„Was … was wollen Sie?", stotterte er.

„Nur eine Auskunft über den Verbleib einer Gefangenen."

Tot. Irgendwo verscharrt. So wie alle. Peters stöhnte. *Ich bin erledigt. Das war es jetzt.*

Der Soldat tat einen Schritt auf ihn zu. „Ich will Ihnen nicht wehtun, auch wenn Sie das ganz sicher verdient hätten. Beantworten Sie mir nur meine Fragen." Er schien sehr aufgewühlt.

Peters nickte und schluckte den Kloß im Hals hinunter. „Wie lautet denn der Name?"

„Lilly. Lilly Winter. Sie wurde beschuldigt, an einem Mord beteiligt gewesen zu sein."

Ein Name. Ein Name unter vielen. Peters konnte sich nicht erinnern. Er wollte es nicht. Denn es war doch ganz einfach. Sie war tot.

Sebastian wurde zornig. Der Mann war offensichtlich betrunken. „Reißen Sie sich zusammen. Sehen Sie nach! Irgendwo muss es doch Unterlagen über die Gefangenen geben." Am liebsten hätte er auf den Kerl eingeprügelt. Aber das würde nichts bringen. Er zwang sich dazu, ruhig zu bleiben.

„Nachsehen? Nachsehen?“ Peters begann hysterisch zu kichern und deutete auf das Chaos auf seinem Schreibtisch. „Wie soll ich denn hier etwas finden? Oder hier?“ Er sprang auf und rannte zu den Aktenschränken.

„Bleiben Sie stehen!“ Sebastian eilte ihm hinterher, aber er konnte nicht mehr verhindern, dass Peters ein Dutzend Ordner herauszerrte und zu Boden schmiss.

„Hier! Hier, bitte schön! Bedienen Sie sich! Suchen Sie!“ Peters begann zu schluchzen und trat wild um sich. Die Ordner flogen durch die Luft, der Inhalt bildete einen Teppich aus Papier.

Sebastians Herz verwandelte sich in einen Stein. Der Mann war kurz davor, durchzudrehen, und wie sollte er ohne seine Hilfe einen Hinweis finden? Es würde Stunden dauern, Tage!

Er packte ihn am Kragen und schüttelte ihn. „Ich sage es Ihnen noch einmal. Reißen Sie sich zusammen und helfen Sie mir. Sonst …“

„Sonst was? Erschießen Sie mich? Wollen Sie mich foltern? Nur zu, tun Sie sich keinen Zwang an. Das ist hier drin nichts Außergewöhnliches.“ Peters entwand sich seinem Griff und hüpfte hysterisch kreischend durch das Büro. „Wollen Sie vielleicht vorher noch ein unterschriebenes, rechtskräftiges Urteil? Hier, hier bitte schön, können Sie haben!“ Er warf sich bäuchlings auf seinen Schreibtisch und zerwühlte mit beiden Händen die Papiere. Unaufhörlich kreischend wie ein Wahnsinniger.

Sebastian wollte ihm gerade die Pistole über den Kopf ziehen, als hinter ihnen die Tür aufflog.

„Was zur Hölle ist hier los?“

Rosie war fast den ganzen Weg gerannt. Inzwischen war sie klatschnass und völlig außer Atem. Der Sack mit den Äpfeln, den sie mit sich schleppte, schien eine Tonne zu wiegen. Rosie hatte ihn vor den hungrigen Augen der Männer, denen sie die Freiheit zu verdanken hatte, fast zur Hälfte geleert.

Aber sie war nun mal nicht mehr die Jüngste. Und mit dem Ballast durch die Stadt zu hetzen, den Kopf einzuziehen, Haken zu schlagen und die Gefechte umrunden, hatte sie an den Rand völliger Erschöpfung getrieben. Dazu ständig die Angst, zu spät zu kommen. Aber die Äpfel würden ihr vielleicht noch helfen. Einen Vorwand liefern, falls sie in eine Kontrolle geriet.

Schnaufend blieb sie hinter einem Haus stehen und schielte um die Ecke. Endlich. Das Bezirksamt. Rosie wischte sich das Regenwasser aus den Augen und überlegte. So wie es aussah, hatte man die Wachen verdoppelt, und wie viele noch unsichtbar hinter dem Eingang hockten und lauerten, wollte sie sich nicht vorstellen.

Ich muss diese Äpfel beim Bezirksleiter abliefern, hat er persönlich bei uns bestellt. Die Ausrede konnte sie jetzt vergessen. Das Amt war eine Festung. Man würde ihr den Sack abnehmen und sie fortjagen.

Aber hatte sie nicht lange genug fast jeden Winkel in dem Gebäude geputzt? Vielleicht gab es einen Weg, unbemerkt hineinzukommen. Das kleine Tor in der Ecke des Hofs.

Aus dem sie immer die Leichen geschafft hatten.

Degner stampfte die Kellertreppe hoch. Er war wütend. Zornig auf diesen alten Mistkerl und auf sich selbst. Er hatte die Beherrschung verloren, und der Alte war einfach tot umgekippt. Er hätte etwas mehr Rücksicht auf seinen Zustand nehmen sollen, dann hätte er vielleicht doch noch geredet. Denn am Ende redeten alle.

Verflucht.

In der Eingangshalle blieb er abrupt stehen. Über ihm, im ersten Stock, war Gepolter und Geschrei zu hören. Es klang nach einem Kampf. War das möglich? Hier drin? Vor der Glasscheibe konnte Degner die schwer bewaffneten Wachleute sehen, an denen eigentlich niemand vorbeikam.

Trotzdem. Er hatte ein ungutes Gefühl, und wenn es etwas gab, worauf er sich verlassen konnte, dann war das dieses Grummeln in seinem Bauch, das ihm schon oft das Leben gerettet hatte. Degner stieg die Stufen hoch. Vor dem Büro des Bezirksleiters lauschte er. Das klang gar nicht gut. Er entsicherte seine Pistole. Dann riss er die Tür auf und blieb wie angewurzelt stehen. Was? Was …

„Was zur Hölle ist hier los?“

Sebastian erstarrte. Diese Stimme kannte er nur zu gut. Er stand mit dem Rücken zu Degner und hoffte, dass er seine Waffe nicht sehen konnte. Doch es war zu spät. Denn Degner machte zwei schnelle Schritte nach vorne und drückte ihm die Pistole an den Hinterkopf.

„Ich habe eine Frage gestellt. Was hat das hier zu bedeuten?“

Sebastian schwieg, aber Peters, der für einen Moment mit seinem Geschrei aufgehört hatte, hüpfte auf und ab und warf Papiere durch die Luft.

„Wir sind auf der Suche, sehen Sie das denn nicht?“, krakeelte er. „Wir suchen nach Leichen, und davon haben wir hier ja eine Menge! Eine Menge!“

„Halt die Schnauze, verdammt!“ Degner versetzte den Schreibtisch mit einem Tritt in Bewegung, und Peters landete rückwärts auf seinem Stuhl.

„Dreh dich um, aber schön langsam. Ich möchte sehen, wer unseren wackeren Bezirksleiter so aus der Fassung gebracht hat.“

Sebastian rührte sich nicht. Er versuchte, seine Chancen abzuwägen.

Die Verzweiflung stand ihm ins Gesicht geschrieben, und Peters sah die beiden Männer an. Seine Augen schweiften hin und her, und plötzlich schien sich die Dunkelheit in seinem Kopf zu lichten.

„Ähem“, er räusperte sich und zog sich an der Schreibtischkante hoch, „ich glaube, ich kann das erklären.“

„Ach ja? Da bin ich aber gespannt“, zischte Degner.

Sebastian fühlte, wie der Druck des Laufs an seinem Kopf nachließ. Degners Aufmerksamkeit galt dem Bezirksleiter. Blitzschnell drehte er sich um und schlug zu. Degner taumelte, aber er hielt sich auf den Beinen und hob die Waffe. Sebastian hechtete hinter den Schreibtisch, und Peters wich zur Seite und drückte sich an die Wand.

„Du bist das, du Ratte! Ich dachte, du wärst längst verreckt!“, schrie Degner und suchte Deckung hinter der Tür.

Sebastian wagte nicht zu schießen. Der Knall würde alle aufschrecken, und dann war es vorbei. Niemals würde er Lilly in diesem Leben wiedersehen. Noch immer klammerte er sich verzweifelt an den Gedanken, dass sie noch am Leben war.

„Ja, ich bin es, von den Toten auferstanden. Und wenn du ein Mann bist, kommst du jetzt her und stellst dich einem fairen Kampf.“

Degner lachte höhnisch. „Wieso sollte ich? Du bist erledigt, das muss dir doch klar sein.“

„Ich dachte mir schon, dass du zu feige bist, um wie ein Mann zu kämpfen“, sagte Sebastian. „Ohne deine hinterhältigen Fallen bist du ein Niemand!“

Degner kochte. *Ich werde diesem Mistkerl jetzt das Maul stopfen! Ihn in der Luft zerreißen und anschließend an die Schweine verfüttern.* „Du willst also einen Kampf? Dann machen wir das so.“ Ein lautes Poltern. „Ich habe meine Waffe fallen lassen, also komm raus da, und ich bearbeite dein hübsches Gesicht.“

Sebastian überlegte. Degner war nicht zu trauen, aber was blieb ihm jetzt noch übrig? Hinter ihm rang Peters die Hände und stöhnte laut. Vorsichtig hob Sebastian den Kopf. Degner stand breitbeinig vor der Tür und wedelte mit den Händen durch die Luft.

„Keine Waffe, wie ich gesagt habe. Ein fairer Kampf.“

Sebastian wollte sich aufrichten, als der Schuss ihn an der Schulter traf.

Peters schrie auf und blickte fassungslos auf Sebastian, der blutend vor seinen Füßen auf dem Boden lag.

Degner lachte laut. „Was bist du doch für ein dämlicher Hund. Fällst auf den ältesten Trick der Welt herein, du Idiot. Los jetzt! Steh auf! Aber schön langsam, ich will deine Hände sehen.“

Sebastian umklammerte seine Waffe. Sie war nass von dem Blut, das an seinem Ärmel herunterlief. Er rutschte auf den Knien ein Stück zur Seite und versuchte, ganz ruhig zu atmen. Den Schmerz in der Schulter zu ignorieren. Er musste jetzt schnell und konzentriert handeln.

Dann hatte er noch eine winzige Chance.

Rosie schlich an der Mauer des Hofs entlang. Sie konnte im Regen kaum etwas erkennen, und der Himmel hatte sich verdunkelt, als wollte es schon Nacht werden. Bei der Pforte stand ein Lastwagen, die Plane war ein Stück hochgerollt. Rosie zögerte. Sie konnte von ihrem Platz aus nicht sehen, ob jemand am Steuer saß. Sie schob sich ein Stück näher, und als sich nichts regte, nahm sie allen Mut zusammen, rannte zu der Pforte und rüttelte an der Klinke.

Verschlossen, natürlich. Was hast du denn erwartet, du dummes Huhn, dachte Rosie wütend. Doch sie hatte keine Zeit zu verlieren und sah sich um. Überall lag Müll verstreut, vielleicht fand sie etwas, mit dem sie das nicht sonderlich stabile Schloss aufbrechen konnte. Fast hätte sie gelacht bei diesem Gedanken. Dass jemand hier einbrechen wollte, hatte es bestimmt noch nie gegeben und würde aller Wahrscheinlichkeit nach wohl auch nie wieder vorkommen.

Vielleicht lag ja in dem Laster etwas Nützliches. Werkzeug, irgendetwas. Rosie stellte sich auf die Zehenspitzen und spähte in den Laderaum. Im ersten Moment konnte sie kaum etwas erkennen. Ein Durcheinander aus Kleidern und Schuhen. Dann begriff sie, was sie da sah. Leichen!

Rosie stieß einen Schrei aus und flüchtete zurück an die Mauer. Weinend kauerte sie sich zusammen. Im Laster lagen die Leichen von Gefangenen, die fortgeschafft werden sollten. Sie war so entsetzt, dass sie das Rasseln an der Pforte fast überhört hätte.

Da kommt jemand!

Rosie presste sich an die Mauer, versuchte, mit den Steinen zu verschmelzen, und hielt den Atem an. Zwei Männer in Regencapes tauchten auf. Die Kapuzen hatten sie weit über die Köpfe gezogen, und sie wechselten kein einziges Wort, während sie den Leichnam eines alten Mannes bis vor den Laster schleiften. Als sie sich bückten, um ihn hochzuheben, rannte Rosie los.

Blind vor Tränen durch die Pforte über den Hof, vorbei an der Stelle, wo man Anja in den Tod geschickt hatte und durch die offene Tür in das Gebäude, aus dem es kein Entkommen gab. Ihr Herz raste, sie rang nach Luft und hatte nur noch einen klaren Gedanken. Das Büro des Bezirksleiters.

Denn dort würde Sebastian nach Lilly suchen.

„Dich hat wohl jetzt der Mut verlassen?“, spottete Degner. „Oder warum zeigst du dich nicht und verkriechst dich wie eine Ratte? Los, steh auf! Ich will dem Wolf in die Augen schauen, wenn ich ihn abknalle.“

Peters blickte zu Sebastian hinab und schüttelte leicht den Kopf. Der junge Mann war verletzt und hatte keine Chance. Fieberhaft überlegte er, wie er ihm helfen könnte, ohne selbst ins Jenseits befördert zu werden. Er wollte, dass dieser Mann überlebte. Peters hatte genug. Genug von all dem Unrecht, der Diktatur und diesen Verbrechern.

„Fahr zur Hölle!“ Eine kreischende Frauenstimme ließ Peters zusammenzucken. Er konnte nicht glauben, was sich vor ihm abspielte.

Eine alte Frau stürmte in das Büro und schwang einen Sack durch die Luft. Noch bevor Degner sich ganz umdrehen konnte, traf sie ihn damit am Kopf, und er fiel auf die Knie.

Rosie! Herr im Himmel, das ist die alte Rosie! Fassungslos sah Peters zu, wie sie nach einem Stuhl griff und damit auf Degner einschlug. Sebastian sprang hoch und entwand Degner die Waffe. Rosie konnte sich nicht mehr bremsen. Wie von Sinnen prügelte sie auf Degner ein, und Sebastian hatte Mühe, ihren Schlägen auszuweichen. Der Stuhl zerbrach.

„Fahr zur Hölle!“, murmelte sie entkräftet, als es Sebastian endlich gelang, die Arme um sie zu schlingen und sie auf die Seite zu ziehen. Degner lag regungslos auf dem Boden. An seinem Kopf klaffte eine große, blutende Wunde.

„Aufhören, ist gut jetzt, er kann uns nichts mehr tun. Bitte beruhigen Sie sich."

Rosie ließ das Stuhlbein fallen, das sie immer noch in den Händen hielt, und strahlte Sebastian an.

„Ich habe dich gefunden, Wölfchen! Ich habe dich tatsächlich gefunden." Zutiefst erschöpft klammerte sie sich an ihm fest und brach in Tränen aus.

Ihre Stimme. War das möglich? Konnte sie das wirklich sein? Die Bäuerin, die ihm damals Lebensmittel zugesteckt hatte, die ihn geherzt und geküsst hatte, weil er sie an ihren Sohn erinnert hatte.

„Rosie Ebner?"

„Ja, ich bin es wirklich, auch wenn nur noch die Hälfte von mir übrig ist", schniefte Rosie und wischte sich die Tränen aus dem Gesicht. „Lilly lebt, Sebastian! Und sie ist schwanger. Du wirst Vater, mein Wölfchen!"

Er konnte sich nicht rühren, doch der Raum begann sich zu drehen, als tanzte er mit ihr in den Armen Walzer. Seine Knie gaben nach.

„Oh Gott, du blutest ja! Du bist verletzt!" Rosie versuchte, ihn zu stützen. Aber das war kein kleiner Junge mehr. Peters eilte ihr zu Hilfe.

„Wir sollten jetzt schnell verschwinden", sagte er und packte Sebastian um die Hüfte. „Ich bringe euch hier raus."

Rosie warf ihm einen misstrauischen Blick zu, aber dann lächelte sie.

„Bringt mich zu meinen Leuten, zu Mattis, und dann holen wir Lilly", keuchte Sebastian mit schmerzverzerrtem Gesicht.

„Ja, ich bringe dich zu Lilly, und wir werden sie da rausholen, mein Junge. Aber erst mal müssen wir uns um deine Wunde kümmern."

Da war so viel Blut!

„Kann ich Ihnen helfen?", fragte Tilda.

Sigrid starrte auf den Koffer, der geöffnet auf dem Bett lag. Auf der Seite, auf die Lars sie immer an sich gezogen hatte. Ihre Augen füllten sich mit Tränen, und es fühlte sich seltsam an. Sie hatte nie geweint. Jedenfalls konnte sie sich nicht daran erinnern. Vielleicht manchmal aus Wut und Zorn. Aber niemals aus Angst oder Trauer. Doch sie hatte sich auch noch niemals so ausgeliefert und hilflos gefühlt. So allein. Nicht wissend, was auf sie zukam. Gefangen in einer schwarzen Leere, die sich kalt und endgültig anfühlte.

„Nehmen Sie das", sagte Tilda und hielt ihr ein Taschentuch hin. Sigrid musterte die Frau erstaunt und putzte sich die Nase. Sie spürte, dass auch Tilda traurig war, in ihrem Innersten erschüttert schien.

Wegen mir? Weil sich nun unsere Wege trennen – und das wahrscheinlich für immer?

Sigrid machte sich nichts vor. Tilda hatte keinen Grund, sie zu mögen. Wahrscheinlich hatte sie Angst vor dem, was jetzt aus ihr werden würde – ohne Anstellung und ein Dach über dem Kopf. Tilda war nun auf sich allein gestellt, so wie all die anderen, die sich mühsam über Wasser hielten. Aber es fühlte sich tröstlich an zu glauben, dass es einen Menschen gab, der sich für sie interessierte.

„Sie können mir gerne behilflich sein“, sagte Sigrid und versuchte zu lächeln. „Ich möchte aber nur das Nötigste mitnehmen.“

Ich brauche nichts mehr, dachte sie und beobachtete Tilda, die eine Schublade aufzog und sorgfältig etwas Unterwäsche in den Koffer stapelte.

Es war stockdunkel und die Versuchung, das Feuerzeug zu benutzen, beinah übermächtig. Lilly hörte Vevas leises Schnarchen an ihrem Ohr und fühlte den Lufthauch an der Wange, wenn Veva ausatmete. Das Baby war wach. Es lag in Lillys Armen und gab glucksende Geräusche von sich.

Was bist du doch für ein wunderbarer Junge, dachte Lilly staunend. *Deine ersten Stunden auf dieser Welt verbringst du unter den widrigsten Umständen und scheinst doch zufrieden und glücklich zu sein.*

Aus den Wänden des Stollens sickerte immer mehr Wasser, und sie hatten sich in die hinterste Ecke geflüchtet, in der es noch einigermaßen trocken war.

Wie lange noch? Das Wasser stieg. Es regnete unaufhörlich, und bald waren sie hier nicht mehr sicher.

Nur noch bis zum ersten Tageslicht, dann konnten sie gehen.

Das war das letzte, was Kathie gesagt hatte. Lilly wünschte sich so sehr, sie könnte sie jetzt sehen oder hören. Denn eine abgrundtiefe Furcht schnürte ihr die Kehle zu. Als Lilly kurz eingenickt war, hatte sie geträumt. Von Veva, die leblos in ihren Armen gelegen hatte. Von einer Lawine, die alles unter sich begraben hatte. Von Schemen, die den Tod gebracht hatten.

Kathie? Was hat das zu bedeuten?

Aber Kathie antwortete nicht.

Rosie kaute an einem der Äpfel, die sich doch noch als nützlich erwiesen hatten. Den Rest hatte sie unter den Leuten verteilt, die in der leerstehenden Lagerhalle auf alten Decken auf dem Boden lagen, um wenigstens eine Mütze voll Schlaf zu bekommen. In einer Ecke kümmerte sich eine Frau um die Verletzten. Schwaches Licht beleuchtete einen Tisch, auf dem ein Stadtplan ausgebreitet war. Gespickt mit bunten Nadeln, die neue Angriffsziele markierten. Sebastian lag neben ihr auf einer Schicht alter Zeitungen und war endlich eingeschlafen, nachdem man ihm ein Mittel eingeflößt hatte.

Er hatte Rosie und den Bezirksleiter zu dem Versteck gelotst, und Peters wäre beinah gelyncht worden, als man erkannt hatte, wen Sebastian da anschleppte. Es hatte gedauert, bis sich der Aufruhr wieder gelegt hatte. Eigentlich erst, nachdem ein Freund von Sebastian, den sie Mattis nannten, aufgetaucht war und ein Machtwort gesprochen hatte.

Peters hockte jetzt angekettet in einer Ecke, denn noch traute ihm niemand über den Weg. Rosie konnte im Halbdunkel sehen, dass er den Apfel, den sie ihm gegeben hatte, immer noch in den Händen hielt und studierte wie ein Objekt aus einer anderen Welt. Aber er wirkte gefasst, sogar irgendwie zufrieden. Als wäre er von einer schweren Last befreit.

Rosie renkte sich beinahe den Kiefer aus, als sie gähnen musste. Ich sollte auch versuchen, ein wenig zu schlafen, dachte sie. Aber noch immer war sie aufgewühlt von diesem Tag, der endlos zu sein schien.

Zusammen mit Mattis und ein paar Männern war sie zu dem Lastwagen zurückgelaufen. Pohls Leiche hatte immer noch am Boden, und die des getöteten Soldaten im Führerhaus gelegen. Rosie hatte sich abwenden müssen, als man sie herauszerrte.

„Was zum Teufel ist das eigentlich für Zeug?“, hatte einer der Männer gerufen, als er die Ladung untersuchte. „Sieht aus, wie die Ausrüstung eines ganzen Labors, und was ist das denn …, verflucht, das sind doch Blutkonserven. Jede Menge!“

„Das ist das Blut unserer vermissten Frauen und Mädchen“, hatte Mattis gesagt, und es war ganz still geworden.

Schlafen! Ich muss schlafen. Rosie legte sich dicht neben Sebastian und kniff die Augen zusammen.

Im Morgengrauen wollten sie losfahren. Mattis verborgen im Laderaum. Sebastian in seiner Uniform am Steuer. Und dank Rosie und ihrer Geschichte konnten sie ins Dorf gelangen. Denn die Lieferung wurde ja noch immer erwartet.

Ein trojanisches Pferd mit Motor, hatte es Mattis genannt. Er wollte mit Sebastian die Wächter am Tor überwältigen und so den Weg für ihre Mitkämpfer freimachen.

Rosie sollte die Schwangeren in ein sicheres Versteck bringen, bis der Kampf vorüber war. Mattis hatte ihr zögernd eine kleine Pistole überreicht.

„Kannst du überhaupt mit Waffen umgehen?“

„Ich sag mal so. Während des Krieges gab es bei uns öfters mal einen Reh- oder Hasenbraten. Und was denkst du wohl, wer für den gesorgt hat?“ Rosie fühlte sich ein wenig beleidigt.

Mattis legte ihr eine Hand auf die Schulter. „Ich weiß doch, wie ihr Frauen kämpfen könnt, wenn es nötig ist. Manchmal fürchte ich mich sogar vor meiner eigenen Liebsten.“ Er brachte ein schiefes Lächeln zustande. „Aber kannst du einen Menschen erschießen, wenn er direkt vor dir steht? Das wirst du vielleicht morgen tun müssen.“

Rosie hatte die Pistole wortlos in die Tasche ihrer Arbeitshose geschoben. Dort lag sie noch immer und verhinderte, dass Rosie sich auf die Seite drehen konnte.

Schlafen. Ich sollte endlich schlafen!

Reißende Wasser

Ein ungeduldiges Hupen, und Sigrid rannte mit ihrem Koffer durch den strömenden Regen zu dem Auto, das vor dem Haus wartete. Niemand hielt es für nötig, auszusteigen und ihr behilflich zu sein. Sie hatte eigentlich erwartet, dass der General mit seiner Limousine vorfahren würde. Stattdessen quetschte sie sich in den Fond eines rostigen, verbeulten Gefährts, das die Bezeichnung Auto nicht mehr verdiente.

Aber natürlich wollte man nicht auffallen. In der Limousine wären der General und seine Leute allzu leicht zur Zielscheibe von Heckenschützen geworden.

„Wir haben immer noch nichts von Lars gehört“, sagte der General, ohne sie zu begrüßen. „Es tut mir leid, meine Liebe. Aber mach dir keine Sorgen.“

Sigrid schwieg und umklammerte den Koffer auf ihrem Schoß. Der Wagen setzte sich in Bewegung und mit ihm noch vier andere Fahrzeuge. Alle verbeult und schrottreif, die Insassen hinter den beschlagenen Fenstern nur vage Schemen.

Im Rückspiegel konnte sie Tilda sehen, die mitten auf der Straße stand und zögernd die Hand hob und schließlich winkte.

Waren es Regentropfen oder Tränen? Sigrid wischte sich über die Augen.

„Veva. Veva, wach auf!“ Lilly rüttelte sie sanft an der Schulter, und Veva blinzelte verwirrt in die Flamme des Feuerzeugs.

„Lilly?“

„Wir können jetzt gehen“, sagte Lilly und half ihr aufzustehen. Veva musste sich mit beiden Händen an der Wand abstützen.

„Bin gleich so weit“, schnaufte sie. „Mir ist nur etwas schummrig. Wann haben wir eigentlich das letzte Mal etwas gegessen?“

„Vorgestern, glaube ich“, sagte Lilly und wiegte das Baby. „Das ist lange her.“

„Das kannst du laut sagen, wahrscheinlich fühle ich mich deshalb so schwach.“

„Ja, bestimmt.“ Lilly versuchte zuversichtlich zu klingen. Doch sie wusste, wie es um Veva stand. Es war noch keinen Tag her, dass sie ein Kind geboren hatte und fliehen musste. Und diese Nacht hatte an ihren Kräften gezehrt.

„Komm, halte dich dicht an der Wand.“

„Ja ich weiß schon, die Grube.“

Lilly ging mit dem Feuerzeug in der Hand voran. Die flackernde Flamme warf gespenstisch tanzende Schatten an die Wand. Sie hielten unwillkürlich den Atem an, als sie die Grube passierten. Aber nichts geschah, nichts regte sich in dem finsteren Schacht, und mit jedem Schritt wurde es heller. Endlich standen sie im grauen Morgenlicht. Wasser tropfte von den Bäumen, und über dem Boden waberten Nebelschwaden wie zerrissene Brautschleier.

„Es hat aufgehört zu regnen!“, rief Veva und lächelte. „Das ist doch schon ein gutes Zeichen, findest du nicht?“

„Ja, ein sehr gutes Zeichen.“ Mehr konnte Lilly nicht sagen. Es war ein Schock, Veva im Tageslicht zu sehen. Totenblass, mit schwarzen Ringen unter den Augen und eingefallenen Gesichtszügen. Mit aller Kraft schob Lilly das Bild aus ihrem Traum von sich.

Veva, leblos in ihren Armen.

„Wohin gehen wir jetzt?“, fragte Veva. „Denkst du, wir finden irgendwo einen Weg durch den Zaun?“

Lilly nahm sie an der Hand. „Wir gehen zurück ins Dorf, Veva. Vertrau mir, es wird jemand da sein, der uns hilft.“

„Bist du sicher?“

„Ja“, sagte Kathie.

„Ja“, sagte Lilly.

„Ich glaube, wir haben Begleitung“, sagte Sebastian. Er hatte den Konvoi längst bemerkt, aber erst, seit er auf die einzige Straße abgebogen war, die ins Dorf führte, konnte er sicher sein.

„Was! Wo?“ Rosie reckte den Hals, um in den Rückspiegel zu schauen. „Sind das deine Leute?“

„Nein.“ Sebastian schaltete einen Gang tiefer, der Laster ruckelte und kroch laut dröhnend weiter. „Es ist abgemacht, dass sie Abstand halten und erst auftauchen, wenn wir es geschafft haben, das Tor zu öffnen.“

Dann sind es Männer der Miliz, Soldaten. Als ob es im Dorf nicht schon genug Leute gäbe, die sich ihnen entgegenstellen würden. Rosie seufzte tief.

„Mattis, bleib in Deckung! Direkt hinter uns folgen uns vier Autos!“, brüllte Sebastian.

„Scheiße!“ Es klang dumpf aus dem Laderaum.

„Hast du Angst, Rosie?“, fragte Sebastian.

„Angst?“ Rosie runzelte die Stirn. „Natürlich habe ich Angst, aber ich will auch nicht mehr so weiterleben. Ich will, dass Lilly und du, wir alle ein freies Leben führen können. Zusammen sein oder hingehen, wo wir wollen. Und falls ich das dann nicht mehr erleben sollte …, dann ist das eben so.“

„So darfst du nicht denken, wir schaffen das, und schon bald wirst du unser Baby in den Armen halten.“

Das wird so sein, das muss einfach so sein, dachte Sebastian wutentbrannt. Seit er erfahren hatte, dass Lilly überlebt hatte, dass sie schwanger war, wäre er am liebsten kopflos losgestürmt. Gerannt, wenn nötig bis ans Ende der Welt. Und hätte jeden umgebracht, der sich ihm in den Weg stellte. Er war sich natürlich bewusst gewesen, dass das völlig schwachsinnig wäre, zum Scheitern verurteilt, aber er hatte Mühe gehabt, seine Emotionen zu zügeln und sich an den Plan zu halten.

„Also dann, auf in den Kampf“, sagte Rosie mit einem schiefen Lächeln, als sie das Tor erreichten. Sebastian ließ den Motor laufen und öffnete das Seitenfenster. Einer der drei Wachen, ein wahrer Hüne, zog sich daran hoch und musterte sie.

„Ich bin es“, sagte Rosie und fuchtelte mit den Händen. „Mit einiger Verspätung, aber kein Wunder! Himmel! In der Stadt herrscht Krieg.“

„Wo ist Pohl?“ Das Misstrauen war nicht zu überhören.

„Tot, und ich wäre auch fast draufgegangen!“, brüllte Rosie. „Steh nicht so blöd rum und lass uns gefälligst durch! Ihr könnt alle froh sein, dass wir es mit der Ware überhaupt bis hier geschafft haben! Nur dank diesem Kerl. Er hat Pohls Platz eingenommen, obwohl er auch verwundet wurde, wie man sieht.“

Der Wachmann trat einen Schritt zurück und ließ das Gewehr von den Schultern gleiten. „Weißt du, was mich wundert?“

Sebastians Magen zog sich zusammen, und er umklammerte die Pistole auf seinem Schoß.

„Dass du zurückkommst, Rosie“, sagte der Mann kopfschüttelnd. „Dass du nicht die Gelegenheit ergriffen hast und einfach abgehauen bist.“

„Und wohin?“, zeterte Rosie. „Wohin hätte ich denn gehen sollen, kannst du mir das mal sagen? Hier habe ich wenigstens ein Dach über dem Kopf, und ich bekomme außerdem was zwischen die Zähne!“

Das schien ihm einzuleuchten, denn er gab seinen Kameraden ein Zeichen, das Tor zu öffnen.

Sebastian atmete erleichtert auf und fuhr los. „Wohin jetzt?“, fragte er.

„Erinnerst du dich noch an die Schule?“

„Ja, sicher.“ Sebastians Mund wurde trocken beim Anblick seines Heimatdorfs. So vertraut und doch so fremd.

„Sie nennen es jetzt das Ärztehaus. Dahin musst du. Ach schau, die Teufel in den weißen Kitteln warten schon auf uns.“

Dr. Pagel stand flankiert von seinen Assistenten vor dem Eingang und winkte aufgeregt.

„Fahr ganz dicht an die Hauswand“, murmelte Rosie. „Du musst Mattis Deckung verschaffen.“

Sebastian rangierte rückwärts und würgte den Motor ab.

„Entschuldigung, aber das ging nicht besser mit der alten Karre“, rief er in die Runde, als er aus dem Laster sprang.

„Ja ja, schon gut. Sie können den Laster so stehen lassen, aber schnell jetzt, bitte, die Ware muss ins Labor. Hoffentlich hat es keine Schäden gegeben.“ Pagel wedelte mit den Händen, und seine Assistenten eilten zur Ladefläche. „Ich schicke Ihnen gleich noch ein paar Leute, die Ihnen zur Hand gehen, meine Herren. Wir haben es eilig.“

Sebastian drängte sich vor. „Ich helfe Ihnen“, sagte er freundlich und packte sich die erste Kiste. „Zeigen Sie mir nur, wohin damit.“

Die Autos, die ihnen gefolgt waren, rollten auf den Hof.

„Ach du meine Güte!“, rief Dr. Pagel, als die Männer ausstiegen. „Das ist ja der General!“ Aufgeregt eilte er ihm entgegen. „Welche Ehre! Welche Ehre!“

Sebastian schob sich dicht an Rosie vorbei. „Geh jetzt, versuch, Lilly zu finden, und bring die Frauen in Sicherheit“, flüsterte er. „Ich schleiche mich mit Mattis zum Tor zurück, und sobald unsere Leute hier auftauchen, bricht die Hölle los.“

Rosie nickte und hastete davon. Sebastian folgte den Assistenzärzten in das Gebäude, stellte die Kiste in einem Labor ab und rannte gleich wieder zurück. Draußen galt alle Aufmerksamkeit dem General. Sebastian sprang auf die Ladefläche, schob einen großen Metallkoffer bis an die Kante und sah sich um.

„Schnell, Mattis, jetzt! Ich komme gleich nach.“

Mattis, der sich hinter dem Koffer verborgen hatte, ließ sich zu Boden gleiten und verschwand hinter dem Haus.

Hoffentlich schafft er es ungesehen bis zum Tor, dachte Sebastian besorgt. Er wuchtete den Koffer auf seine Schultern und drehte sich um.

Sie stand neben dem General und sah zu ihm herüber. Ihre blauen Augen leuchteten. Sebastian stockte der Atem.

Sigrid!

Der kleine Fluss hatte sich in einen reißenden Strom verwandelt. Schlammige Wassermassen tosten unter der Brücke hindurch, schwappten über die hölzernen Planken und rissen Stücke aus der Böschung, wie hungrige Haie.

„Oh Gott, Lilly!“, stammelte Veva. „Können wir da überhaupt noch rüber? Wird sie halten?“

Lilly musterte das alte Bauwerk. Man konnte das Ächzen und Knarren der Pfähle hören. Sie würden nicht mehr lange standhalten.

„Nimm meine Hand“, sagte sie und presste sich das Baby fest an die Brust. „Schau nicht auf deine Füße, immer nur geradeaus ans Ufer.“

Veva gehorchte und reichte ihr die Hand. Sie fühlte sich kalt und kraftlos an, und Lilly spürte, wie krank die junge Frau war, die ihr so bedingungslos blind vertraute.

„Komm“, sagte Lilly und unterdrückte die Furcht. Sie durfte keine Schwäche zeigen, sonst würde Veva die Hoffnung verlieren und aufgeben. Sich mit ihrem

Kind in die Wiese legen und auf das Ende warten. Denn das war es, was sich Veva tief im Inneren wünschte. Frieden und für immer einschlafen.

Schritt für Schritt tasteten sie sich über die rutschigen Planken. Eiskaltes Wasser umspülte ihre Knöchel, abgerissene Äste zerkratzten ihnen die Haut. Sie hatten die Mitte der Brücke erreicht, als sie ein krachender Donnerschlag über den Köpfen aufschreien ließ. Im nächsten Moment setzte erneut der Regen ein.

„Oh nein, oh nein, bitte nicht", jammerte Veva. Ihre Finger verkrampften sich.

„Schneller", sagte Kathie.

„Schneller, wir müssen schneller laufen", sagte Lilly und zog Veva mit sich.

Vom Hügel erklang ein dumpfes Grollen, ein Poltern und Knirschen, als wäre ein Ungeheuer erwacht. Ein namenloses Etwas, das niemand aufhalten konnte.

„Es ist nicht mehr weit, wir haben es bald geschafft", sagte Lilly, als sie wieder auf sicherem Boden standen. Sie hatten den Waldrand noch nicht erreicht, als hinter ihnen die Brücke einstürzte und vom Wasser fortgetragen wurde wie eine Beute.

Sie saßen alle noch an dem langen Tisch bei einem verspäteten Frühstück. Seit Lilly und Veva verschwunden waren, durfte keine mehr das Haus verlassen, und es gab nichts zu tun, als herumzusitzen und sich in trüben Gedanken zu verlieren.

„Rosie!“, rief Melanie und sprang vom Stuhl hoch. „Du bist zurück!“ Alle Köpfe drehten sich zur Tür.

„Ja, was glaubst du denn, ich lasse euch doch nicht im Stich“, sagte Rosie. Ihr Blick flog durch den Raum, und ihr Herz schien plötzlich langsamer zu schlagen.

Sie sind nicht da.

„Hat man die Mädchen inzwischen gefunden?“, fragte sie versucht beiläufig, während sie sich an den Tisch setzte.

„Nein, sie sind wie vom Erdboden verschluckt.“ Der hoffnungsvolle Unterton in Melanies Stimme war nicht zu überhören, und Schwester Ria drückte sie energisch zurück auf ihren Stuhl.

„Es ist eine Schande und völlig verantwortungslos, was die beiden getan haben!“, rief sie empört. „Ja, man kann es nicht anders nennen, sie haben einen Frevel begangen, als sie das Baby entführt haben!“

Rosie griff nach einem Stück Brot und biss hinein. „Die einzigen Frevel, die begangen wurden, geschahen hier unter eurer Fuchtel, werte Schwester.“

Die nachfolgende Stille im Raum war fast mit den Händen zu greifen. Die Mädchen sahen Rosie an, fassungslos, ängstlich.

Schwester Rias Brauen zogen sich zusammen. „Was hast du da eben gesagt? Ich muss dich wohl falsch verstanden haben?“ Sie machte einen Schritt auf Rosie zu, die sich ungerührt Butter auf die Brotscheibe schmierte.

„Nein, Sie haben mich schon richtig verstanden und jetzt hören Sie mir gut zu.“ Rosie erhob sich vom Stuhl und blickte in die Runde. „Hört mir jetzt alle gut zu. Das alles hier“, sie machte eine weit ausholende Handbewegung, „wird jetzt ein Ende haben. Ihr könnt schon bald zurück zu euren Familien. In der Stadt ist der Aufstand in vollem Gange, im ganzen Land kämpfen die Menschen heute gemeinsam für die Freiheit, und die Tage dieser verbrecherischen Diktatur sind gezählt.“

Sie beugte sich zu Schwester Ria, die mit offenem Mund auf einen Stuhl geplumpst war. „Gutmütig und großherzig, wie ich nun mal bin, gebe ich Ihnen jetzt einen guten Rat: Machen Sie sich vom Acker, so lange Sie noch können!“

Ungläubigkeit, Verwirrung, aber auch Hoffnung, all das konnte Rosie in den Gesichtern der Schwangeren lesen.

„Ist das wirklich wahr, Rosie?“, fragte Melanie und erhob sich. „Können wir nach Hause?“

Schwester Ria schlug mit der Faust auf den Tisch. „Unsinn! Völliger Schwachsinn!“, rief sie zornig. „Seht ihr denn nicht, dass das alte Weib verrückt geworden ist? Schaut sie euch doch nur an! Völlig verdreckt, wer weiß, was sie in der Stadt alles getrieben hat. Und selbst, wenn es stimmen würde, dass da ein paar Spinner Amok laufen, niemals werden unsere Ordnung und unsere Gesetze außer Kraft gesetzt! Das ist geradezu lächerlich, denn wer, außer ein paar Geistesgestörten, würde so etwas wollen?“

„Ich, ich würde das wollen“, sagte Melanie und sah sie herausfordernd an.

„Ich auch!“

„Und ich!“

„Ich will hier weg, du dumme Kuh!“

„Mein Baby bekommt ihr nicht!“

Ein Ring wie ein gelber Blütenkranz drängte sich um Schwester Ria.

„Ihr geht jetzt augenblicklich alle auf eure Zimmer!“, rief sie empört und versuchte, sich Platz zu verschaffen.

„Niemand geht auf sein Zimmer, ich werde jetzt alle von hier fortbringen“, sagte Rosie und stopfte sich noch ein Brötchen in die Hosentasche. „Außer Ihnen natürlich. Ich denke, im Keller sind Sie bestens aufgehoben.“

Ria sprang auf, und die Mädchen stoben ängstlich auseinander. „Das werde ich unter keinen Umständen zulassen“, zischte sie.

Fassungslos blickte Rosie auf die winzige Pistole in Rias Händen. Schwarz glänzend, klein wie ein Kinderspielzeug, aber dass dieses Ding tödlich war, daran gab es keinen Zweifel.

Das konnte ich wirklich nicht voraussehen, dachte Rosie erbittert über sich selbst. *Dass diese Krähen bewaffnet sind!*

„Du kniest dich jetzt da in die Ecke.“ Ria wedelte mit der Waffe.

Rosie hatte keine Wahl. Schlurfend setzte sie einen Fuß vor den anderen, während sie fieberhaft überlegte.

Schwester Ria beobachtete sie misstrauisch und legte eine Hand auf die Türklinke. „Hinknien, habe ich gesagt! Ich werde jemanden rufen, der sich um dich kümmert, du dummes, altes Weib! Du und deinesgleichen widern mich an, und ich hoffe, dass man dich auf der Stelle …“

Die Thermoskanne krachte auf ihren Hinterkopf, und Schwester Ria verdrehte die Augen, als wolle sie ein Gebet gen Himmel schicken.

Im selben Moment, in dem Melanie ein zweites Mal ausholte und zuschlug, gelang es Rosie, Ria die

Waffe zu entwinden. Sie japste vor Erleichterung. Ein Schuss hätte alle alarmiert und eine Flucht unmöglich gemacht. Ria sackte lautlos vor ihren Füßen zusammen.

Melanie stand mit der Thermoskanne in der Hand daneben, offenbar völlig verdattert über sich selbst und ihren Wagemut.

„Das hast du gut gemacht", sagte Rosie und klopfte ihr auf die Schulter.

„Das wollte ich schon lange tun!" Melanie grinste triumphierend.

„Schnell jetzt, Mädchen", sagte Rosie. „Das ist unsere Chance, um zu verschwinden. Der General höchstselbst treibt sich da draußen herum, und im Moment sind alle damit beschäftigt, vor ihm zu buckeln."

„Was hast du vor?"

„Wie soll das gehen, die erwischen uns doch!"

„Mit meinem dicken Bauch komme ich keine hundert Meter weit!"

„Schtscht, seid still. Wir schleichen uns rüber zum Fuhrpark und schnappen uns, was Räder hat und fährt, und dann …" Rosie blickte erschrocken in die Runde. „Ich hoffe, wenigstens eine von euch kann fahren, ich glaube nicht, dass wir etwas finden, wo wir alle hineinpassen."

„Ja, ich, ich kann fahren", sagte Melanie zu ihrer aller Verblüffung, denn Melanie war das Nesthäkchen unter ihnen. „Mein Vater hatte früher eine Autowerkstatt, und ich bin schon mit zehn Jahren auf dem Hof herumgekurvt."

„Lobet die pädagogische Leistung von Melanies Vater", seufzte Rosie erleichtert.

„Wir kommen hier nicht weg, das Tor wird immer bewacht.“ Eine leise, traurige Stimme.

„Glaubt mir, es wird für uns offen stehen!“ Lieber Gott, lass das wahr sein, dachte Rosie. Hoffend, dass man die Angst in ihrer Stimme nicht hören konnte.

Sebastian und Mattis näherten sich dem Tor, das einen halben Kilometer entfernt talwärts vom Dorf stand. Inzwischen regnete es wieder in Strömen, und es herrschte ein Zwielicht, als wolle es schon wieder Nacht werden. Sebastian spürte weder die Nässe, die seine Uniform tränkte, noch nahm er die Geräusche wahr, die vom Hügel kamen. Er konnte es immer noch nicht fassen.

Sigrid.

Sie hatte ihn erkannt, daran gab es nicht den geringsten Zweifel, und er war sich sicher, dass sie immer noch in seinem Kopf lesen konnte wie in einem Buch. Und doch hatte sie kein Zeichen des Erkennens von sich gegeben. Schweigend war sie an der Seite des Generals an ihm vorbeigelaufen.

Was macht sie hier? Ist sie etwa auch schwanger? Aber wieso sollte jemand, der anscheinend so eng mit diesem Teufel ist, hierher verfrachtet werden?

„Diener an Herrn“, sagte Mattis und stupste ihn in die Seite. „Bist du anwesend? Wir sollten uns jetzt auf die Sache konzentrieren.“ Er machte mit dem Kinn eine Bewegung in Richtung der drei Wachen, die mit dem Gewehr im Anschlag hinter dem Tor standen und in die Ferne spähten.

„Ich bin bereit, aber schau du, dass du deine Rolle als Bauerntölpel überzeugend hinbekommst und wir sie überrumpeln können."

„Darin bin ich unschlagbar", erwiderte Mattis grinsend und humpelte noch stärker. In seiner abgewetzten Hose, seinem zerschlissenen Hemd und dem schiefen Gang wirkte er wie ein armer Schlucker, der sich auf den Feldern krummarbeitete.

„Was wollt ihr hier? Und wer ist dieser Trottel? Den habe ich noch nie gesehen."

Mattis verzog weinerlich das Gesicht. „Ich soll hier helfen", stammelte er.

„Wir wurden als Verstärkung hergeschickt, die Wachen am Tor sollen verdoppelt werden", sagte Sebastian und salutierte. „Und weil sich der General im Dorf aufhält, kommen gleich noch mehr, die für seine Sicherheit und die der Frauen garantieren sollen."

„Das ist auch bitter nötig", erwiderte einer der Männer beunruhigt. „Da unten steht schon die längste Zeit eine Wagenkolonne, und nichts rührt sich. Wer zum Teufel ist das?"

„Deshalb wurden wir hergeschickt. Um euch mitzuteilen, dass sie passieren dürfen. Das sind die Leute des Generals."

„Und weshalb stehen die da einfach rum?"

„Weil sie auf das verabredete Zeichen warten. Macht das Tor auf!"

Die Wachen wirkten noch eine Zeit lang unschlüssig, aber dann zuckte der Hüne mit den Schultern und öffnete die Verriegelungen. Zu dritt schoben sie das schwere Rolltor zur Seite. Sebastian machte ein paar Schritte nach draußen und winkte mit einem weißen Stück Tuch.

„He, was ist das denn für ein Zeichen? Das ist doch so eine Armbinde, wie die Rebellen sie tragen, und …“ Der Mann stürzte lautlos bäuchlings aufs Gesicht. Mattis hatte ihn mit einem Schlag zu Fall gebracht wie einen morschen Baum.

Dann geschah alles fast gleichzeitig. Die Motoren heulten auf, und die Kolonne setzte sich in Bewegung.

Mattis stürzte sich auf den Hünen und versuchte, ihn niederzuringen, und Sebastian packte das Gewehr des dritten Wachmanns, um es ihm aus den Händen zu reißen.

„Ihr verfluchten Verräter!“, brüllte der Mann, in seinen Augen blitzte der Hass.

Er würde niemals aufgeben, kämpfen bis zum Tod. Sebastian verlor das Gleichgewicht und landete auf dem Rücken. Sein Gegner lag auf ihm und presste ihm mit beiden Händen den Gewehrlauf auf die Kehle. Er war kleiner als Sebastian, aber die Wut verlieh ihm eine ungeheure Kraft, und der Druck schnürte ihm die Luft ab. Sein Gesicht flimmerte vor Sebastians Augen. Er hatte nur eine Sekunde, um seine Gegenwehr aufzugeben, in seine Tasche zu greifen und das Messer zu ziehen.

„Dreckiges Verräterschwein“, knurrte der Mann und riss überrascht die Augen auf, als Sebastian zustieß.

Es dauerte einen kurzen Augenblick, dann erschlaffte sein Körper, und Sebastian schob ihn von sich. Neben ihnen rollten Mattis und der Hüne über die Wiese, ineinander verschlungen wie außer Kontrolle geratene Kampfhunde.

Sebastian sprang hustend und würgend auf die Füße, er wollte Mattis helfen, aber es war unmöglich, in diesem Knäuel den richtigen Arm zu erwischen.

Wir brauchen Hilfe, dachte er und gab den Autos, die sich viel zu langsam näherten, hektische Zeichen. Als er sich wieder umdrehte, lag der Hüne auf dem Rücken und starrte mit leeren Augen in den Himmel.

„Verflucht, der hätte meine Liebste jetzt tatsächlich beinahe zur Witwe gemacht", keuchte Mattis und rappelte sich mühsam auf.

„Unkraut wie dich kann man nicht ausrotten", sagte Sebastian und lächelte schief. Der Plan schien aufzugehen. Sie konnten unbemerkt ins Dorf gelangen.

Sie bemerkten nicht, dass der Wachmann, den Mattis bewusstlos geschlagen hatte, zu sich gekommen war, zur Seite kroch und nach dem blutverschmierten Gewehr seines Kameraden griff.

„Verdammt!", brüllte Mattis, als die Schüsse fielen.

Sigrid saß alleine auf dem Sofa im Flur des Ärztehauses.

„Warte hier, meine Liebe", hatte der General gesagt, bevor er mit Dr. Pagel in einem der Labore verschwunden war. „Man wird dich noch untersuchen, bevor man dich auf dein Zimmer bringt."

Sigrid konnte ihre murmelnden Stimmen hinter der geschlossenen Tür hören. Sie klangen aufgeregt, beunruhigt und vorwurfsvoll.

Sigrid rührte sich nicht. Es gab nichts, was sie tun konnte, außer darauf zu warten, dass alles zusammenbrach. Und das würde es. Schon bald.

Sie konnte es spüren, so wie den leichten Luftzug, der unter dem Türspalt hindurch zog. Nur dass es viel stärker war, mächtiger als alles, was ihr bisher begegnet war. Es war sinnlos, sich dagegen zu wehren.

Sie betrachtete ihre Hände. Feingliedrig, gepflegt, ein Bild von Reinheit. Sie hatte niemals eine schwere Arbeit verrichten müssen. Sich die Hände schmutzig machen. Wie gerne hätte sie noch ein Baby in diesen Händen gehalten.

Sigrid war überrascht von der abgrundtiefen Traurigkeit, die sie erfasst hatte. Die ihren Körper in Besitz nahm, wie eine schwere, unheilbare Krankheit. Sie hätte Lilly das Baby entrissen, um sich ihren Platz zu sichern. Sie hätte alles dafür getan. Sich die Hände schmutzig gemacht! Und nun wurde ihr bewusst, dass das nicht länger so war.

Jetzt hätte sie sich ein Baby gewünscht, damit es wenigstens einen Menschen auf dieser Welt gab, der sie lieben würde. Und den sie vielleicht auch lieben konnte.

Sie erinnerte sich an den Ausdruck in Sebastians Gesicht, als er sie entdeckt und erkannt hatte. Bestürzung, die sich in Schrecken und Furcht verwandelt hatte. Der Wolf hatte Angst davor gehabt, dass sie schreien würde und mit dem Finger auf ihn zeigen. Denn sie wusste, weshalb er hier war.

Liebe, das war der einzige Grund.

Sebastian war auf der Suche nach Lilly. Der Rotznase, die er schon damals geliebt hatte, ohne dass ihm das bewusst gewesen war. Für Sigrid gab es keine

Liebe, das hatte sie schon als Kind bitter erkannt. Sie hatte sich verschlossen und um ihre Freiheit gekämpft. Sie wollte keine Liebe, denn dann wäre sie verletzbar gewesen. Und mit Lilly, die von allen geliebt wurde, war nun das Ende gekommen. Hatte sie das schon damals gewusst, als sie das Fenster geöffnet und gehofft hatte, die Schneeflocken würden ihr Schicksal ändern?

Schicksal. War es das wirklich? Waren es nicht ihre eigenen Entscheidungen gewesen, welchen Weg sie gewählt hatte? Wenn sie anders gehandelt hätte in jener Sekunde, nicht diesen wahnsinnigen Plan gefasst hätte, wäre sie jetzt nicht hier – gefangen wie eine Ratte in der Falle.

Sigrid regte sich nicht, als die Schüsse fielen. Sie waren nur ein Zeichen, dass der Abgrund sich jetzt auftat.

Sie sind da!

Rosie umklammerte die Pistole und blieb stehen. Hinter ihr warteten die zwölf schwangeren Frauen, aufgereiht wie Perlen an einer Schnur, und pressten sich an die Hauswand. Die Schüsse hatten leise geklungen, sie kamen aus der Richtung des Tors. So war das nicht geplant gewesen. Aber ganz gleich, was nun geschah, sie musste die Frauen fortschaffen.

„Was war das, Rosie? Wer hat da geschossen?“, flüsterte Melanie beunruhigt.

„Das sind die Männer, die für eure Freiheit sorgen werden. Kümmert euch nicht darum, es wird gleich noch viel lauter werden, aber dann sind wir längst weg."

Rosie schwitzte vor Angst. Zwölf. Zwölf Schwangere. Die gleiche Anzahl wie die Jünger beim Letzten Abendmahl und genauso erfüllt von Glauben. An sie und eine bessere Zukunft. Rosie war schmerzlich bewusst, dass sie eine alte Frau war, bewaffnet mit nur einer Pistole und von der Last der Verantwortung schon fast in die Knie gezwungen.

„Es ist niemand zu sehen", flüsterte eines der Mädchen, das vorwitzig um die Ecke gespäht hatte.

Tatsächlich. Da standen sie nebeneinander. Ein paar Autos, ein Kleinbus und ein Traktor mit Anhänger. Unbewacht.

„Schaut nach, wo ein Schlüssel steckt, aber seid leise!" Gelbe Blumen huschten über den Hof und versteckten sich hinter den Fahrzeugen.

„Hier! Der Schlüssel steckt!" Melanie stand neben dem Kleinbus und winkte aufgeregt.

Die anfängliche Freude war schnell verflogen, denn es blieb ansonsten nur noch der Traktor. Die anderen Fahrzeuge waren verschlossen, und im Bus fand kaum mehr als die Hälfte von ihnen Platz. Selbst wenn sie sich zusammenquetschten wie Sardinen.

„Also gut", sagte Rosie und schickte ein Gebet zum Himmel. „Die Hochschwangeren in den Bus, Melanie, du fährst. Und der Rest klettert auf den Anhänger des Traktors und legt sich flach hin. Ich werde Vollgas geben!"

Und den Zaun niederwalzen, falls das nötig ist!

Rosie half den Frauen beim Einsteigen und kletterte auf den Fahrersitz. Sie wollte den Zündschlüssel drehen und schnappte nach Luft.

Schwester Karla stand mit einem Gewehr im Anschlag vor dem Traktor. Wenn Blicke hätten töten können, wäre Rosie als Leiche vom Sitz gefallen.

Das kann jetzt doch nicht wahr sein, dachte Rosie verzweifelt. Doch nicht im letzten Moment!

Karla näherte sich. Bewegte sich langsam, ohne Rosie eine Sekunde aus den Augen zu lassen.

„Ich habe dir nie über den Weg getraut", sagte sie mit hasserfüllter Stimme. „Du warst einfach viel zu gut, zu fügsam und zu fleißig. Und wohin ich auch geschaut habe, die alte Rosie war immer da."

„Ich dachte, Sie freuen sich über gutes Personal", erwiderte Rosie und ließ die Hände in den Schoß sinken.

In ihrem Kopf überschlugen sich die Gedanken. *Schaffe ich es? Bin ich schneller als die Krähe?* Eine Sekunde lang sah sie sich selbst, wie sie genau in dem Augenblick, in dem sie die Pistole hob, von einer Gewehrkugel getroffen wurde. Kein schönes Bild!

„Aussteigen!", befahl Karla. „Zuerst du, du hinterlistiges Stück Dreck, und dann ihr alle!" Sie machte mit dem Kinn eine Bewegung in Richtung der Mädchen, die verstört und entsetzt die Szene verfolgten.

„Geh zum Teufel, du blöde Kuh!"

Rosie wusste nicht, wer das gerufen hatte, aber nun erhob sich ein zorniges Getuschel.

„Niemand geht heute zum Teufel, außer Rosie natürlich. Na, wird's endlich? Steig aus! Ich möchte ungern den Traktor beschädigen!"

Rosie hob schulterzuckend die Hände, drehte sich um und machte Anstalten, rückwärts vom Traktor zu klettern.

Melanie ließ den Motor aufheulen und rollte mit dem Bus auf Karla zu.

„Halt sofort an!“, brüllte Karla, und Rosie wusste, das war ihre Chance. Schwester Karla blickte zu Melanie.

Rosie wirbelte herum und schoss.

„Was ist da los?“ Veva konnte kaum noch sprechen und rang nach Atem. Dass sie es überhaupt bis zum Dorf geschafft hatte, war ein Wunder. Sie klammerte sich an Lillys Arm und sah sich besorgt um.

„Es ist jemand gekommen, der uns helfen wird“, sagte Lilly. „Es wird alles gut.“

Veva betrachtete ihren schlafenden Sohn in Lillys Armen. „Hast du gehört, kleiner Mann? Es wird alles gut.“ Ihr Gesicht verdüsterte sich. „Lilly, ist das normal, dass er die ganze Zeit schläft? Vielleicht ist er ja krank? Schau nur, er ist doch pitschnass.“

„Ich bin sicher, dass es ihm gut geht, Veva, beruhige dich. Komm, wir verstecken uns hinter dieser Hecke. Ich muss mir einen Überblick verschaffen.“

Die Schüsse hallten nun von allen Seiten, und aus dieser Distanz und im strömenden Regen war es unmöglich zu erkennen, wer die Männer waren, die um die Häuser sprinteten und Deckung suchten. Lilly und Veva standen im Garten des letzten Hauses beim Dorfausgang. Der Boden war aufgeweicht, und auf der Straße flutete das Regenwasser talwärts wie ein neugeborener Fluss. Auf dem Hügel ächzten die Bäume in einem schauerlichen Chor, untermalt von den krachenden Donnerschlägen geborstener Stämme.

„Ihr müsst hier warten“, sagte Kathie.

„Wir müssen hier warten“, sagte Lilly und drückte Vevas Hand.

Schwester Karla richtete sich stöhnend auf und presste sich beide Hände auf den Bauch. Blut sickerte zwischen den Fingern hervor, und der Schmerz fühlte sich an, als stünde sie in Flammen.

Du elendes Stück Dreck! Du verfluchte Verräterin! Die Fluchtfahrzeuge rollten davon, und die Wut verlieh ihr ungeahnte Kräfte. Sie biss die Zähne zusammen und rannte humpelnd los, ignorierte den Schuss, der ihre Haare nur um Zentimeter verfehlte, und riss schreiend die Tür zum Ärztehaus auf.

„Die Mädchen! Rosie hat die Mädchen entführt! Haltet sie auf!“

Eine Tür flog auf, wie durch einen Nebel kamen der General, ein Arzt und zwei Uniformierte auf sie zu geeilt.

Eine junge Frau erhob sich vom Sofa und wandte sich nach ihr um.

„Lilly?“, fragte Karla verwirrt. „Bist du das?“ Dann brach sie bewusstlos zusammen.

„Köpfe runter!“, brüllte Rosie. „Unten bleiben!“

Gott steh uns bei, dachte sie, fast von Sinnen vor Panik. Sie manövrierte den Traktor in Schlangenlinien durch das Dorf, hoffend, dass weder die Soldaten noch die Rebellen gezielt eine Waffe auf sie richten würden.

Oder die Krähen und ihre Helfershelfer!

Melanie klebte förmlich mit dem Kleinbus am Anhänger. Halt etwas Abstand, Mädchen, dachte Rosie nervös. Wenn ich plötzlich bremsen …

Ein heftiger Schlag in die Schulter ließ sie aufschreien vor Schmerz, und ihre linke Hand fühlte sich plötzlich taub an. Für einen Moment verlor sie die Herrschaft über das Steuer, und der Traktor geriet von der Straße. Die schweren Räder gruben sich durch das matschige Wiesland und schleuderten Wasserfontänen und Dreck auf den schlingernden Anhänger. Schreiend klammerten sich die Mädchen an der Brüstung fest.

Rosie trat auf die Bremse, und nach ein paar Metern endete die Fahrt auf der Wiese. Melanie war ihr mit dem Bus gefolgt, wie ein treues Hündchen.

Ich bin getroffen worden!

Vor Schock halbbetäubt, musterte Rosie das Loch in ihrem Pullover, um das eine rote Blume erblühte.

Weiter, nur schnell weg hier! Sie wollte gerade das Gaspedal durchtreten, als sie eine vertraute Stimme schreien hörte. „Rosie! Rosie, warte! Wir sind hier drüben!“

Es war, als beobachte sie sich selbst von außerhalb ihres Körpers. Ihre Füße, die sich einen Weg durch eine schlammgetrübte Brühe bahnten, die bei jedem Schritt hoch aufspritzte.

Sigrid hörte das dumpfe Grollen, das immer lauter wurde. Ihr Blick blieb starr auf die Rücken der Männer gerichtet, die vor ihr die Hauptstraße entlang rannten. Jäger, denen man die Beute gestohlen hatte.

Sie hatten alle Türen aufgerissen, jedes Zimmer durchsucht, aber die Mädchen blieben verschwunden. Mattis wischte sich den Schweiß von der Stirn. Er war unverletzt geblieben, der Wachmann hatte, noch völlig desorientiert, an ihm vorbeigeschossen.

„Sieht so aus, als ob Rosie es geschafft hat", sagte er.

Mit Sebastian war er in das Haus gestürmt, in dem laut Rosie die Schwangeren untergebracht waren. Es hatte ein ziemliches Gerangel mit einem bewaffneten Aufpasser und zwei Frauen gegeben. Die sogenannten Schwestern hatten wie Furien gekämpft. Sie hatten schließlich alle drei in einem fensterlosen Kellerraum eingesperrt, wo sie weiter keifen konnten, bis ihnen die Luft ausging.

„Beeilen wir uns!", rief Sebastian. „Sie können das Dorf noch nicht verlassen haben. Finden wir sie!"

Er war immer noch schockiert über den erbitterten Widerstand, den die Schwestern geleistet hatten. Und er hatte nun größte Zweifel, dass es jemals gelingen konnte, die perversen Ideologien auszurotten, von denen die Getreuen des Generals besessen waren.

Ein tosendes Dröhnen brachte die Fensterscheiben zum Erzittern.

„Was zum Teufel ist das?" Mattis spähte hinaus und wirbelte kreidebleich herum. „Schnell!", kreischte er.

Sie taumelten durch den strömenden Regen auf sie zu.

„Lilly! Veva!“ Rosie rutschte schreiend vor Freude vom Sitz und versuchte, alle drei in die Arme zu schließen.

„Gott sei Dank! Ihr seid am Leben! Geht es euch gut? Lilly! Ach, Lilly, Sebastian ist da!“ Die Worte sprudelten nur so aus ihr, und beinahe hätte sich Rosie vor Aufregung verschluckt. „Schnell, klettert auf den Anhänger! Mein Gott, Veva! Ist das ein süßes Baby!“ Sie lachte und weinte gleichzeitig, während sie Lilly und Veva vor sich herschob.

Helfende Hände streckten sich ihnen entgegen, aber Rosie blieb wie angewurzelt stehen.

„Was…“ Sie konnte nicht glauben, was sich vor ihren Augen abspielte. Durch den Wald des Hügels zog sich eine breite Schneise, die sich talwärts bewegte wie eine kriechende Schlange. Bäume wurden niedergemäht wie Kornhalme und von einer brauen Flutwelle mitgerissen, die sich rasend schnell auf das Dorf zu bewegte.

Rosie wollte schreien, als sich Veva wie in Zeitlupe umdrehte und vor Lilly und das Baby schob. Sie hatte ihn kommen sehen. Den General an der Spitze seiner Männer, eine Pistole auf sie gerichtet. Nur noch etwa fünfzig Meter von ihnen entfernt.

Der Schuss war kaum zu hören.

„Nein! Veva!“ Lillys Stimme war von einem solchen Schmerz erfüllt, dass Rosie der Atem stockte.

In einem Arm hielt Lilly das Baby und mit dem anderen versuchte sie Veva aufzufangen, die getroffen von der Kugel auf die Knie sank.

„Nein, nein, Veva, bitte!“ Lilly stemmte sich mit aller Macht gegen die grausame Wirklichkeit. Gegen den Anblick, der sie in ihrem Traum gepeinigt hatte.

„Nein“, flüsterte sie zornig. Wieder hatte sie das Schicksal nicht aufhalten können, musste hilflos den Schmerz ertragen, der ihr das Herz brach.

Es fühlte sich an wie eine leichte Berührung, und Lilly hob den Kopf. Sigrid kam hinter dem General auf sie zu und sah sie an. Ihr Blick war unergründlich.

Das Tosen klang ohrenbetäubend, näherte sich knirschend und mahlend wie ein brüllendes Ungeheuer. Elric Braun hob die Waffe und zielte auf Lilly. Sigrid warf sich an seinen Rücken und schlang die Arme um ihn. Die Welt blieb stehen, und der Lärm verstummte.

Mach's gut, Rotznase. Sigrids Stimme hallte in der Stille in Lillys Kopf.

Wie eine Explosion brandete eine schlammige Lawine aus Geröll und zerfetzten Bäumen über die Straße, ein schäumender Fluss, der Sigrid und die Männer mit sich riss, bevor sie schreien konnten.

Sie wurden fortgespült wie Kinderspielzeug.

„Jesus!“, stammelte Rosie fassungslos und starrte auf das Wasser, das ihre Waden umspülte. „Der Teufel hat sie zurück.“

Das Licht eines Morgens

Lilly schaukelte das Baby auf den Knien. Sie saß auf der Bank vor dem Bauernhaus, das Rosie wieder in Besitz genommen hatte und in dem Lilly nun wohnte.

„Ich werde dir später einmal von deiner Mama erzählen“, flüsterte sie. „Veva war so unglaublich tapfer, so stark! Sie hat dich über alles geliebt, und ich, ich werde dich genauso lieben.“

Lilly hatte tief geschlafen, als der kleine Alexander noch in der Dunkelheit erwacht war und nicht wieder einschlafen wollte.

„Dann komm, sehen wir uns zusammen den Sonnenaufgang an.“ Sie hatte ihn aus seinem Bettchen gehoben, das nichts weiter war als eine ausgepolsterte Kommodenschublade.

Es mangelte an allem, und die Zukunft lag vor ihnen wie verbrannte Erde. Die Nachricht vom Tode Elric Brauns hatte sich rasend schnell verbreitet, und die Rebellen konnten die Oberhand gewinnen. Ein fragiler Sieg, der zuerst eine Welle von Lynchjustiz und Zerstörungswut ausgelöst hatte.

„Hört auf damit, sonst sind wir nicht besser als unsere Unterdrücker. Wir sind keine Mörder. Es soll faire Prozesse geben.“

Es dauerte, bis diese Stimmen gehört wurden. Jetzt galt es, eine neue Ordnung herzustellen und vor allem dafür zu sorgen, dass die Menschen den nahenden Winter überstehen konnten.

Sebastian verbrachte die meiste Zeit in der Stadt, er wollte beim Wiederaufbau helfen und die provisorisch eingesetzten Ratsmitglieder unterstützen. Die Grenzen standen wieder offen, und täglich trafen Hilfsgüter ein. Aber es gab immer noch nicht genug für alle.

„Vielleicht sind wir dem Untergang geweiht“, hatte Sebastian gesagt, als er gestern für eine Nacht nach Hause gekommen war. „Vielleicht verschwindet unsere Spezies von dieser Erde wie eine ausgerottete Seuche. Und vielleicht wäre das ja auch das Beste, denn eigentlich glaube ich nicht daran, dass wir klüger werden. Dass die Menschheit eines Tages damit aufhört, sich gegenseitig umzubringen und alles zu zerstören und zu vergiften.“

„Vielleicht.“ Sie waren aneinandergeschmiegt im Bett gelegen, und Lilly hatte dem Herzschlag in seiner Brust gelauscht und dem ihres ungeborenen Kindes.

„Kannst du nicht sehen, was aus uns wird?“

„Nein, und ich will es auch nicht.“ Man kann das Schicksal nicht ändern, dachte sie. „Aber wir müssen an uns und an eine bessere Zukunft glauben und alles dafür tun. Das sind wir den Kindern schuldig. Wir sind alles, was sie haben.“

Am Horizont zeichnete sich ein roter Streifen ab. Das Licht des Morgens und vielleicht ein Versprechen.

„Du wirst bald ein Schwesterchen haben.“ Lilly lächelte und strich dem Baby über die Stirn. Es strampelte vergnügt.

„Ich werde jetzt gehen“, sagte Kathie.

„Warum?“, fragte Lilly.

„Du brauchst mich nicht mehr.“ Kathie drehte sich um und lief durch das feuchte Gras.

Im Schimmer der aufgehenden Sonne löste sich die Gestalt des kleinen Mädchens auf wie der Nebel, der sich von den Wiesen verzog.

Du hast mich nie gebraucht.

Weitere Bücher der Autorin:

Erkenne das Böse
Hornissenbrut
Stummer Schrei (Eulenkönig)
Nur noch Stille
Mord in der Bäderstadt
Baden kann tödlich sein
Leana

Gleich weiterlesen auf der nächsten Seite …

Leseprobe „Erkenne das Böse“

„Wach auf!“

Das war die Stimme ihrer Mutter.

Aber ihre Mutter war tot. Schon lange. Genauso wie ihr Vater. Es gab niemanden mehr.

Emely kniff die Augen zusammen und hoffte, wieder in diesem schwarzen Dunkel zu versinken, in dem es keine Gedanken gab.

Keine Bilder.

Von ihren blutüberströmten Eltern. Ihrem Vater, der nie wieder nach ihr rufen würde.

„Mümmel! Wo steckt mein Mümmelhase?“

So hatte er sie genannt, weil sie Gemüse nur roh essen wollte. Ständig mit einer Möhre in der Hand durchs Haus wanderte und geräuschvoll daran knabberte. Andere Kinder in ihrem Alter waren längst auf den Geschmack von Süßigkeiten gekommen.

„Sei doch froh“, hatte ihre Mutter gesagt, als er Emely wieder einmal deswegen neckte. „Spätestens, wenn sie in den Kindergarten kommt, wird sie den Lockstoffen von Gummibärchen verfallen.“

Aber sie kam nicht in einen Kindergarten, Emely wurde in eine Klinik gebracht. Man hatte sie fortgetragen. Eingewickelt in die karierte Wolldecke, die so seltsam roch. Und die feucht geworden war vom Regen und ihren Tränen.

„Mama?“, hatte sie noch gefragt und den Mann angeschaut, der sie hochgehoben hatte. Dabei hatte sie es gewusst.

Sie hatte es sofort begriffen, obwohl sie erst fünf Jahre alt war.

Mama würde nicht mehr kommen. Nicht mehr aufstehen.

Sie war so schön gewesen. So schön wie die Königin in Emelys Märchenbuch.

Selbst dann noch, als ihre Augen blicklos nach unten gestarrt hatten. Auf ihre Beine, gespreizt wie die der alten Porzellanpuppen im Schaufenster des Antiquitätenladens in der Altstadt.

Die Arme schlaff neben dem Körper.

Mama.

Danach war die Kälte gekommen.

Angekrochen wie ein böses Tier, das sich an Emely festkrallte. All die Jahre hatte sie damit gelebt und wäre innerlich längst erfroren, wenn es Sarah und Cat nicht gegeben hätte.

Jetzt war Sarah gegangen, denn sie hatte das gefunden, was Emely wahrscheinlich niemals bekommen würde. Die Liebe eines jungen Mannes, der sie vergötterte. Mit dem sie lachen konnte und Spaß haben und eine gemeinsame Zukunft beginnen. Der sie im Arm hielt und tröstete, wenn es ihr schlecht ging.

Das Gefühl von Geborgenheit und Glück war für Emely nur ein leises Echo aus längst vergangenen Tagen. Für immer verloren. Auch wenn Sarah und Cat sich noch so sehr bemühten. Die Bilder in Emelys Kopf konnte niemand auslöschen.

Emely zitterte.

Der Boden, auf dem sie lag, war eiskalt. Gittergeflecht auf hartem Lehm, gesprenkelt mit Kieseln, drückte ihr in die Wange. Allmählich nahm sie ihre Umwelt wahr. Den Geruch nach Moder, alten Äpfeln und saurem Most. Die Ausdünstung von Erde, wie ihn Kartoffeln verströmten, ein aufdringliches Parfüm. Und den Gestank von Hühnermist.

Emelys Lider flatterten.

Ist das ein Traum? Sie war orientierungslos.

„Wach auf!"

Ich kann nicht, Mama.

Die Kälte hatte ihr Werk vollbracht. Emely konnte sich nicht mehr bewegen.

Erfroren.

Sie musste erfroren sein. Wie anders war es zu erklären, dass sie die Arme nicht heben und die Beine nicht ausstrecken konnte?

Emely bewegte die Fingerspitzen. Die Hände waren taub. Sie riss die Augen auf, und im ersten Moment fühlte sie nichts als einen gleißenden Schmerz, der durch ihren Schädel zuckte und ihr die Sicht nahm.

Plötzlich erinnerte sie sich wieder an den Schlag auf ihren Hinterkopf.

Daran, wie ihre Beine nachgegeben hatten und die Welt um sie herum verschwunden war, als hätte jemand das Licht ausgeknipst.

Cat!

Sie war auf der Suche nach ihrer Freundin gewesen, niemand wollte sie gesehen haben, und Emely war fast durchgedreht vor Sorge um sie.

Cat.

Emely hob den Kopf und starrte durch das Gittergeflecht vor ihren Augen. Verwirrt versuchte sie sich aufzurichten.

Es gelang ihr nicht.

Sie konnte sich nicht rühren. Sie lag eingepfercht in einem kleinen Käfig. Die Arme nach hinten gedreht, die Knie hochgeschoben bis unters Kinn.

Kaltes Entsetzen spülte die letzte Benommenheit fort, und jetzt spürte sie auch die Schmerzen in den Gliedern.

Wie lange lag sie schon so verkrümmt in diesem Keller?

Sie blinzelte. Ja, es war ein Keller. Ein feuchtes Loch, kaum Licht drang durch die schmutzstarrende Scheibe eines kleinen Fensters, direkt unter der schiefen Decke. Staubkörner tanzten um eine nackte Glühbirne in der Luft und sanken auf die langen Fäden klebriger Spinnennetze.

Emely versuchte sich irgendwie zu strecken.

Ein Krampfanfall verwandelte ihre Beine in Holz. Es war nicht einfach ein Krampf in der Wade, wie sie ihn schon oft gehabt hatte. Jetzt schoss von der Hüfte abwärts bis zu den Zehen ein Schmerz, so gewaltig, dass sie glaubte, sich übergeben zu müssen. Der Schweiß brach ihr aus allen Poren, und sie vermochte nicht einmal zu schreien.

Stöhnend ließ sie den Kopf sinken und biss die Zähne zusammen. Es schien ewig zu dauern, und sie glaubte, jeden Moment wieder ohnmächtig zu werden.

Endlich, endlich ließ der Schmerz etwas nach, und das Gefühl, dass Hunderte brennende Ameisen durch ihre Glieder krabbelten, war schon fast eine Erleichterung.

Sie schaffte es, die Arme vor die Brust zu schieben, und sah sich um.

Der Keller war vollgestellt mit Gerümpel. Neben dem Käfig, in den sie gepfercht war – *oh Gott, das ist ein Geflügelkäfig*! –, lagen ausgetretene Schuhe und Gummistiefel, an denen noch Erde klebte. Schaufeln, Harken und eine Spitzhacke lehnten an der unverputzten Wand. Regale voller Flaschen und Einmachgläsern, bedeckt mit grauem Gespinst, bogen sich unter der Last. In der Ecke stand ein zerbrochenes Fass.

An ihrer Taille spürte sie eine Vibration, und noch bevor die kleine Melodie erklang, durchflutete sie Erleichterung.

Das Handy, sie haben mein Handy nicht gefunden!

Oder gar nicht danach gesucht. Oh Gott, schnell jetzt! Ich muss …

Sie schob einen Arm nach unten und kurz, bevor es ihr gelang, in die Tasche zu greifen, riss sie sich den Handrücken an dem rostigen Gitter auf. Ein brennender Schmerz, bevor sie das Telefon bis vor ihr Gesicht bugsierte.

Valerie Bienert. Sieben verpasste Anrufe.

Emely wischte mit dem blutverschmierten Daumen über das Display.

Anruf annehmen.

Sie konnte nichts hören, und einen entsetzlichen Moment dachte sie, dass Valerie schon aufgelegt hatte.

„Valerie?!“ Es war nur ein Krächzen, das aus Emelys Kehle drang. Ihr Mund war völlig ausgetrocknet.

Sie zwängte das Telefon durch die kleine Lücke zwischen ihrem Kopf und dem Gitter an ihr Ohr.

Endlich konnte sie Valeries Stimme hören.

„Emely? Hallo Emely? Hörst du mich?“

„Ja!“, rief sie und musste heftig schlucken, um den Hustenreiz zu unterdrücken.

„Gott sei Dank habe ich dich endlich erreicht! Ich habe mir Sorgen gemacht! Du hast zwei Termine verpasst und dich auf keinen meiner Anrufe gemeldet! Also was …“

„Man hat mich niedergeschlagen und eingesperrt! Bitte schnell! Sie müssen …“ Sie konnte tatsächlich noch schreien.

„Was, was … Emely, wo bist du denn? Sag mir um Himmels willen, wo du bist!“

Das konnte sie nicht. Emely hatte etwas gesehen, das ihr die Stimme raubte.

Hinter prall gefüllten Kartoffelsäcken, die den fauligen Geruch verströmten, lag jemand.

„Emely? Emely, bitte antworte mir! Wo bist du denn? Was ist passiert?“

Emely starrte auf die Haare, die ausgebreitet auf dem Boden lagen wie ein Tuch.

Lang, schwarz, mit einer auffallenden, weißen Strähne.

Cat!

Das war Cat, und sie war tot.

Sie musste tot sein, denn aus den Haaren sickerte eine dunkle Flüssigkeit – zäh wie Sirup – und sammelte sich in einer schwarzen Lache.

Der Schock war so gewaltig, dass sie Valeries Stimme nicht mehr hörte.

Emely zitterte am ganzen Körper.

Es war, als stürzte sie in einen Abgrund, die Finger umklammerten das Telefon.

„CAT!“ Sie konnte nur noch schreien. „CAT! Jemand hat Cat umgebracht!“

… Ende der Leseprobe.

Schön, dass Sie mir bis hierher gefolgt sind. Ich hoffe, ich konnte Sie gut unterhalten.
Machen Sie es gut, bleiben Sie gesund und vielleicht bis bald?
Herzlichst
Conny Lüscher

www.connyluescher.ch